El hombre, la

4 Ta
edición

Julio César Labaké

El hombre, la libertad y los valores

Primera edición: junio de 1989
Segunda edición: octubre de 1992
Tercera edición: diciembre de 1994
Cuarta edición: enero de 1999

Copyright por Editorial Bonum
Av. Corrientes 6687 -1427 Bs.As.
República Argentina
Telefax: (01) 554-1414

Impreso en Argentina
Es industria Argentina

ISBN: 950-507-244-9

*A todos los que
no nos resignamos
a ningún absurdo.*

Agradecimientos

Al recordado y bienquerido Justo Asiaín, de quien tanto aprendí el camino de la libertad.

A mi esposa, Angélica del Carmen, por el estímulo permanente, el apoyo y la comprensión. Y por ser mi incansable primera lectora y crítico insobornable de cuanto escribo.

A mis hijos, por el estímulo silencioso y bullicioso a descubrir cada día la alegría de vivir y los fundamentos serios de esa alegría.

A mi querido hermano Juan Gabriel, por su lectura tan profunda y ponderada de los originales y por las sugerencias brindadas.

A todos los pacientes y generosos lectores que colaboraron de diferentes formas para concretar esta publicación.

... Y a quienes me ayudaron, desde chico, a conocer el camino de Aquel que dijo

«LA VERDAD LOS HARA LIBRES»

Gracias.

Prólogo

Julio César Labaké nos entrega en este libro sus reflexiones acerca del hombre y sus valores, y la necesidad de ponernos de acuerdo acerca de los valores, o al menos una aproximación a los valores que nos permitan creer en la vida o alcanzar, al menos, una imagen purificada de Dios.

Estas reflexiones surgen de una profunda preocupación por la situación del hombre actual. Incitado por el existencialismo, Sartre y Camus especialmente, el autor responde desde su concepción católica. Reconoce la raigambre nietzscheana de mucho de aquel pensamiento y lo enfrenta calurosamente. Pero, finalmente lo que le interesa es el hombre y busca psicológica y fenomenológicamente apoyos en las inquietudes de los documentos de la psicología, Gestáltica sobre todo, por la autoridad que conceden a los hechos y su carácter de exigencia. Entonces el hecho y la palabra nos ayudan a crear las normas, a registrar los valores.

La concreción objetiva
de la moralidad

El autor nos establece de entrada en el problema de la concreción objetiva de la moralidad que fundamenta, siguiendo en esto a Marciano Vidal, en el valor moral. De hecho, cuando se tiene como base de toda la moral, y de la vida misma, la concepción de la Persona abierta, es decir, a los demás y a Dios, es difícil escapar a la necesidad de una teoría de los valores. De hecho la filosofía de los valores tiene una viva historia en los últimos tiempos, a partir de la segunda guerra mundial, ya que se ha alcanzado, en el interior de la filosofía moderna, un intento para detener la carrera del objetivismo mundano y «del historicismo amoral a que la cadencia atea del principio de inmanencia estaba conduciendo a la cultura» (C. Fabbro). Pero no se podía lograr aquel fin por un retorno a Kant, ya que en éste el error subjetivista constituye el fundamento del imperativo categórico. No se puede crear una auténtica filosofía de los valores desde el subjetivismo psicológico, ni del escepticismo o relativismo de los valores.

El valor se funda en el ser: el valor es la realización del ser y su perfección, y el valor moral es la realización del agente libre que actúa en conformidad con el fin último.

La grandeza del hombre reside, precisamente, en el hecho de que en él hay una posibilidad de ser que depende de la libertad como tal. El hombre con su propia decisión se configura a sí mismo con el bien elegido. Su progreso depende de esta elección. No se puede, entonces, hablar de algo externo que determina al hombre, como el *fatum* de los antiguos, pero tampoco se puede caer en la mera inmanencia.

Es cierto que el valor es valor por la referencia al hombre, pero también es cierto que el valor no descansa sobre cualquier clase de objetos, sino sobre realidades que tienen el carácter de bienes. Como dice Ortega y Gasset: «Los valores no existen sino para sujetos dotados de la facultad estimativa, del mismo modo que la igualdad y la diferencia sólo existen para seres capaces de comparar».

Pero estamos en el campo de la acción humana, es decir, queremos hablar del valor humano que pertenece a la estructura dinámica del hombre. Por eso las reflexiones de nuestro autor, Julio César Labaké, tienen como finalidad mejorar la calidad de la acción humana.

No olvidemos que ya Aristóteles nos distinguía tres formas de la acción humana: la especulación, es decir, la teoría; el hacer, la actividad artística y técnica en cuanto producción o transformación de objetos exteriores al hombre, y el obrar (praxis), la acción que queda dentro del sujeto, lo define y lo compromete en su perfección o destrucción. Así se nos aclara el aspecto objetivo del valor moral: la acción moral concreta y exteriorizada, y el aspecto subjetivo: la buena o mala voluntad que va inherente a la acción humana.

La persona humana se expresa en libertad, responsablemente, al asumir el valor inherente a los comportamientos. Por eso, el valor moral es el más personalizante.

La moral cristiana no puede tener otro valor supremo que el mismo Cristo, interiorizado en el vivir de cada creyente. El más alto valor moral consiste precisamente en la imitación de la persona perfecta, por eso nada más adecuado a la persona humana que el valor colocado en otra persona que la sobrepasa y que la eleva a los más altos niveles de la perfección. En el libro que tenemos el honor de prologar, vemos los caminos por los que el autor ha querido enseñarnos cómo aproximarnos a los valores, para descubrir detrás de todos ellos, la figura de una Persona, que resume todos los valores. La mayor subjetividad es encontrar la razón de nuestra existencia y de nuestra perfección en Alguien que es como nosotros, y la mayor objetividad porque es Dios encarnado el que nos presenta la suma de todos los valores que necesitamos para ser como El, Alguien.

Quizás, como dice el autor en la introducción, habrá «otros que sabrán elaborarlo y formularlo con el rigor necesario», pero las páginas de Labaké serán siempre un mejor camino para desear no sólo aproximarse a los valores, sino interiorizarse en ellos y encontrar la raíz de todos: la persona de Cristo nuestro Señor.

FERNANDO STORNI S.I.
Buenos Aires, 1 de noviembre de 1988.

A modo de Introducción

Me encontraba escribiendo esto que ahora entrego, cuando advertí que simultáneamente me estaba preguntando o diciendo interiormente: ¿Por qué no dejar todo como está? ¿Por qué no seguir transitando por las mismas formulaciones aprendidas desde los años de la infancia y de la niñez?

Sin lugar a dudas, eso era mucho más simple y fácil. Hasta mucho más tranquilizador bajo muchos aspectos. Pero ciertamente menos sincero ante la realidad percibida con la mentalidad adulta de mis años, y del tiempo que vivimos.

Negarnos a replantear la realidad y las respuestas a ella, es una cobardía.

Pero mucho más allá, es una falta de confianza en la solidez fundamental de las enseñanzas recibidas. Que precisamente, necesitan ser redescubiertas para una reformulación adecuada... de modo que puedan mantener la lozanía inmarcesible de lo verdadero.

Recuerdo que lo consulté con aquel entrañable hermano que fue –¡y es!– Justo Asiaín, sacerdote jesuita, y recibí de su madura libertad y de su exquisita espiritualidad, un estímulo comprometedor frente a los desafíos de la vida, que no puede clausurarse ni traicionarse.

Vivimos, en Occidente, un siglo de resonancias nietzscheanas.

Lo que en su momento fue patrimonio de ciertos grupos minoritarios, por ese proceso natural de difusión, ha pasado a ser patrimonio de franjas extensas de las sociedades contemporáneas.

El planteo generador de actitudes de emancipación absoluta... Un ateísmo indiferente para todo cuestionamiento trascendente propiamente dicho... La propuesta de una libertad sin ninguna forma de compromiso previo a la propia elección y determinación...

Una responsabilidad absolutamente inma-nentizada en la tarea de construir un mundo mejor en este mundo...

Pero asimismo una experiencia aguda de la necesidad de límites que nos salven de un caos que se extiende por todas partes... por insuficiencia de las estructuras actuales, o por deficiencia de una educación que no acierta con la formación necesaria a estos hombres de este siglo... o por error en las doctrinas que fundan el derecho y la legislación... O por pérdida del sentido de la vida.

Es como si de pronto las sociedades nos encontráramos en un estado de adolescencia. Intentando afirmar nuestro ser y definir nuestra identidad y ejercitar nuestra libertad... porque algo ha crecido y no nos aparece adecuado lo vivido hasta ahora... Y se nos hace necesario un modo más penetrante e integrador de conocer y responder a la realidad.

Estas reflexiones no pretenden ser sino una «aproximación a los valores».

Sé que si algo útil hay en ello, otros sabrán elaborarlo y formularlo con el rigor necesario.

Creo conveniente decir que si alguna acentuación excesiva pudiese aparecer, estoy seguro de que sería la del enfoque existencial, psicológico, del que he partido.

En muchos pasajes es evidente la preocupación por el «cómo sucede» en el interior de cada ser humano. Por eso se hará evidente un enfoque fenomenológico, que, así espero, hará de camino para el encuentro con «lo que es».

Hay repeticiones.

Fruto inevitable del ritmo de reflexión que no quise, o no pude, violentar.

No quise que perdiera la frescura del encuentro con lo que, momento a momento, se me iba haciendo presente.

Por otra parte, así, un estilo de cierto carácter concéntrico, ayuda para ir un poco más allá en cada nuevo círculo de expansión de la primera idea. O de la primera vivencia.

Además, no escribí intentando convencer a nadie.
Ante todo escribí por una necesidad personal.
Era yo mismo, en tal sentido, el primer destinatario natural de mis propias reflexiones.

No son páginas polémicas. Aunque asuman un cierto aspecto de confrontación por el simple hecho de que necesitaba mencionar las fuentes cuestionantes.
Pero no son páginas polémicas.
Intento repensar lo que vivimos con la mayor actitud de fidelidad «a la realidad».
Eso es todo.

Hay una advertencia que aún debo explicitar en esta introducción.
En un mundo pluralista como éste, en el que vamos entrando cada día más abiertamente, es necesario encontrar cimientos comunes.
Porque los hombres somos el hombre.

Este hombre que reclama ser protagonista. Creador. Responsable. Libre.
Ya sea creyente o no creyente.
Porque su visión renovada de la realidad le impulsa por estos senderos.
Con la diferencia marcada de que los creyentes se encuentran en un mundo habitado por el Señor y «seña-

lizado» hacia el Modelo Total de la existencia. Los no creyentes, por el contrario, se encuentran en un mundo «supuestamente sin presupuestos»... donde no hay modelo ni señalizaciones....

«La libertad por la libertad», dirá Sartre.

Nada nás.

Ante esta doble perspectiva, ¿no será conveniente rastrear los elementos de responsabilidad indagatoria y de realización, de los creyentes... y los elementos de compromiso contenidos en la realidad cotidiana, de los no creyentes?

El Dios de los creyentes, ¿les ha vedado o ahorrado toda incertidumbre y toda tarea de descubrimiento del camino en cada momento de la Historia?

Y la ausencia de Dios, como Objeto de Fe religiosa, arroja a los no çreyentes en un mundo sin ninguna significación propia, y sin ninguna exigencia estructural, a tal punto que los valores mismos de los que pende la humanización deban ser «inventados» por el hombre... porque todo carece de todo sentido.

Los creyentes necesitamos volver a descubrir cada día que somos peregrinos.

Porque la tarea de existencialización de los valores es una tarea seria. Real. Creadora.

Que convertir en existencia concreta los valores del

llamado esencial, es un riesgo que se comprende a la luz de la «parábola de los talentos».

La vida del creyente no es una vida de obediencia ociosa. Sino de una «obediencia» activa y creadora. Porque debe vivir como «imagen y semejanza de Dios». Es lo que hemos visto reafirmado abiertamente desde Juan XXIII en adelante.

Y los no creyentes necesitan frecuentemente, redescubrir el compromiso de los Valores que les señalan el camino de la humanización.

Valores que los comprometen porque pertenecen a la realidad misma: a la «clave de la realidad humana». Y necesitan comprender profundamente esto para no degradar la seriedad del acto de fe del creyente, ni la seriedad de su misión.

De la misma forma que los creyentes deberemos ser capaces de valorar el compromiso de los no creyentes.

Y estos esfuerzos serán un buen camino para encontrar la ayuda mutua para la fidelidad fundamental al llamado de la vida.

... Sin hacer ninguna restricción mental sobre una «fe ignorada» por parte de los no creyentes, ni de una «proyección infantil o neurótica» por parte de los creyentes.

Releer profundamente la REALIDAD, que es necesariamente HUMANA, y descubrir de nuevo que existe un reclamo profundo en su propia estructura, que los Valores son «su clave»... es la razón de ser de estas APROXIMACIONES.

Espero y deseo que el lector sólo encuentre una serena presencia.

Una mostración.

Lo restante será su propia obra.

Y si un anhelo me resta expresar, tiene que ver con los jóvenes. Ojalá pueda aportarles un rayo de luz para acrecentar en ellos el coraje y la alegría de CREER EN LA VIDA... Para algunos, quizá, acercarles una imagen purificada de Dios...

Advertencia

La profundidad insondable del misterio del hombre hace imposible agotarlo en una época.
Y más imposible expresarlo integralmente en cada intento de formulación... o en cada afirmación.

Convendrá leer estas APROXIMACIONES con espíritu de integración total.
Separadas de tal contexto se pueden empobrecer, hasta distorsionar, muchas expresiones que van intentando tallar el diamante faceta a faceta.
... Porque no hay otra forma de tallar diamantes...

1
Los valores:
la clave del hombre

Se puede elegir cualquier cosa,
si es en el plano del libre compromiso.
Jean Paul Sartre [1]

Cesonia: ... el ciudadano que no haya obtenido
una condecoración al cabo de doce meses será
desterrado o ejecutado.
Lépido: ¿Por qué «o ejecutado»?
Cesonia: Porque Calígula dice que eso no tiene
ninguna importancia. LO ESENCIAL ES
QUE EL PUEDA ELEGIR.
Albert Camus [2]

«Cada uno hace la suya».
«Hay que ser auténtico. Hay que decir y hacer
todo lo que se siente».
... La calle

1.   El hombre es un ser esencialmente valorador. La diferenciación con los restantes animales pasa básicamente por esta dimensión.

2.   Precisamente porque valora es que puede elegir tras «de qué» ha de orientar y entregar su vida.

---

[1] *Sartre, Jean Paul:* El existencialismo es un humanismo, *Editorial Huáscar, Buenos Aires, 1972, p. 41.*
[2] *Camus, Albert:* Calígula, *Editorial Losada, Buenos Aires, 1982, Décima edición, acto segundo, escena X, p. 79.*

27

Los animales no necesitan, porque no pueden, valorar.

Y si se prefiere, no pueden pues no lo necesitan.

3. Los seres que no pueden valorar son tales, porque están referidos a un proyecto heterónomo. Absolutamente insuperable e irrenunciable. Y no sufren por ello, porque, precisamente, son incapaces de valorar.

4. Los seres que no valoran viven haciendo simplemente «lo que sienten». Esa es su ley. Naturalmente. Están equipados exactamente para eso.

5. El ser que valora, lo hace, precisamente, porque se experimenta disponible ante la pluralidad de posibilidades. Y a la vez desquiciado por el vacío mientras no elige un valor que lo justifique.

6. Todos repetimos o dijimos alguna vez ese dicho de la sabiduría popular: «Hay que creer en algo: Dios, la justicia, el arte, la ciencia, la tierra... Pero en algo hay que creer».

7. Los valores tienen el poder trascendente de salvarnos del tedio del sinsentido y de la nada.

8. ¡Cómo cambia una vida cuando amanece un amor!
    ¡Cómo cambia una vida cuando ya no la alumbra
    una esperanza!

9. Por eso es contradictorio decir que «los creamos
    nosotros» desde no se sabe qué necesidad o desde
    qué nada.

    ¡Nos encontramos con ellos!
    ¡Necesitamos encontrarnos con ellos!
    ¡Y a menudo tememos encontrarnos con ellos por
    el compromiso tremendo que generan en nuestra
    conciencia!

10. Nos encontramos con ellos... en cuanto crece sufi-
    cientemente la profundidad de nuestra vida inte-
    rior.
    Sólo así podemos percibir plenamente nuestra in-
    suficiencia y la esencialidad de nuestra condición
    de «seres» -en- «relación».

11. Somos relación significa todo lo que son capaces
    de abarcar los términos: somos con nosotros mis-
    mos; somos con los otros; somos por los otros;
    somos con cuanto nos rodea; somos por cuanto nos
    rodea; somos con los valores; somos por los
    valores...

Y en cuanto nos resistimos a ser en relación, comienza nuestra desintegración y es el caos, el absurdo y el infierno.

12. Los valores nos integran y nos dan sentido. Nos hacen consistentes y nos motivan a vivir.

13. Pero los valores no están al alcance de los sen-tidos. Se nos presentan y nos solicitan y nos cuestionan y nos comprometen sólo y cuando actuamos en razón de nuestra condición humana total. Cuando somos capaces de reconocer que no sólo de pan y de circo vive el hombre.

14. El valor es una dimensión y una cualidad que no es captada por los sentidos, sino por la potencia más elevada, y típica, de la persona: el espíritu. El animal, sumergido en el conocimiento sensible, es incapaz de percibir ese horizonte. Ni lo reclama. ¡Nosotros sí!

15. Los valores se nos presentan con una marca de origen: son «necesarios». Son imprescindibles para que se realice la aspiración profunda de nuestra condición humana. ¿O no reconoceremos que nuestro anhelo de amor y fraternidad, de justicia, de belleza, de verdad... es tan hondo como noso-

tros mismos y mucho más nuestro que nuestras propias miserias?

16. Son «necesarios» y no son una sobreestructura.
    Sino tan originales como la necesidad y el deseo.

17. La necesidad y el deseo de la luz son hijos de la existencia de la luz.
    Toda planta busca la luz porque la luz existe.

18. Sólo el hombre es capaz de valorar. Y está llamado inclaudicablemente a valorar.
    Por eso para él se organizan «tribunales de justicia».
    Tribunales que no son simplemente frutos de las instituciones políticas, sino, más radicalmente, de la conciencia humana que acaba siempre por reconocer, tarde o temprano, que hay conductas humanas y humanizantes... y hay conductas inhumanas y deshumanizantes; que hay conductas mejores que otras conductas que hay bienes más altos que otros bienes... Que no todo es igual: respetar los derechos humanos que violarlos... Que hay bien y mal que podemos elegir responsablemente.

19. No se asciende a los valores si no se supera la inmediatez del deseo.

Como no emerge la cultura sin superar el determinismo repetitivo, perseverativo, de la naturaleza infrahumana.

20. La cultura es creación.
Pero no los valores.
La cultura se crea en la medida que descubre y encarna progresivamente los valores.

21. A la cumbre de una montaña se llega por un prolongado acto de decisión.
También a la realización de una obra de arte.
Y a una transformación político-social.
Igualmente a la realización humana. A la progresiva madurez.
... Pero de ello conoce poco el hombre sumergido en el lenguaje de los sentidos.
De ello conoce, sí, el hombre espiritual. El que accede a la plenitud de su racionalidad y no reniega de los llamados que se perciben más allá de la carne y de los conceptos.

22. Más aparecen los valores cuanto más se experimenta la exigencia de ser hombres.

23. El hombre es un ser proyectado. Vive en razón de un futuro que lo arranca del tedio.

El hombre es una esperanza.

Proyecto y esperanza son nombres del valor que nos justifica.

24. Por eso es tan mortal la ausencia de esperanza.

Por eso enloquece y esteriliza a los pueblos tanto como a las personas la carencia de un proyecto.

Porque sin el proyecto y sin la esperanza se naufraga en la trágica ausencia de valores que nos justifiquen y nos salven.

25. La alternativa es crecer.

Y cuando el hombre renuncia a crecer como hombre, indefectiblemente renuncia a ser hombre. Se degrada.

Lo confirma el triste ocaso de las culturas.

26. ...No hay alternativa.

La clave del hombre es trascenderse.

Los valores son la clave del hombre.

2
¿Dónde están los valores?

Todo es igual. Nada es mejor.
Los inmorales nos han igualado...
Enrique Santos Discépolo [3]

27. En una sociedad homogénea los valores eran mostrados y sancionados socialmente, en forma clara. Suficientemente uniforme y estable.
Todos los miembros de la comunidad sabían cómo promoverse: qué se premiaba y qué se sancionaba.
Hoy es todo mucho menos así. O no lo es para nada.

28. Pero... ¿es verdad que elegir la justicia es igual que elegir la injusticia? ¿Es verdad que no hay diferencia entre elegir lo fácil y elegir lo conveniente, que implica esfuerzo? ¿Es verdad que secundar sin ninguna discriminación los impulsos, es igual a hacerlo ponderadamente? ¿Es verdad que gritar la ira de cualquier forma es igual a decir la verdad de modo tal que el otro pueda escucharnos? ¿Es verdad que elegir egoístamente es igual que elegir solidariamente?
...¿Es igual?...

[3] *Discépolo, Enrique Santos:* Cambalache, *Editorial Julio Korn, Buenos Aires,* 1942.

29. Cuando no hay valores serios que justifiquen y salven la vida, el hombre enferma. Nunca es inofensiva la vanalización de la existencia.
Cuando se experimenta la vida vaciada de sentido, se hacen posibles todas las idolatrías.
Todas las formas de enajenación y dependencia.
La violencia en su expresión más arbitraria.
La drogadicción.
El armamentismo.
La deshumanización del dinero, del poder o del sexo.

30. Si no podemos vivir sin los valores, y la sociedad no puede ya sancionarlos como en otros tiempos... ¿dónde encontrarlos?
¿Dónde están?
¿Qué realidad tienen?
¿Qué son?

31. Si fuese verdad que «el hombre inventa los valores», también tendría que ser suficiente que algo fuera «elegido» por el hombre.
(Cada uno elige y porque lo elige está bien. Vale. Es bueno. Realiza al ser...¡!).
Como el Calígula de Albert Camus.

32. Y si entonces escuchásemos a Sartre que reclama que al «elegir creando los valores» debemos hacer-

lo de tal manera que sean de validez para todos los hombres, según la «imagen del hombre tal como consideramos que debe ser»... tomaríamos conciencia de su propia contradicción. Eso ya no es una creación sino, decididamente, un descubrimiento. Hay algo que compromete a todo hombre por participar de la condición humana. Más abiertamente, de la «naturaleza humana»; aunque él rechace este concepto.

33. Tenemos que admitir que los valores no se inventan, porque, precisamente, rechazan toda forma de arbitrariedad. Los valores «se descubren».
Se nos imponen a la escucha profunda de nuestro ser.
Se nos aparecen. Porque de alguna manera están ahí, en la realidad. En la trama de la realidad.
Son la clave de la vida humana.
Sólo nos queda aceptarlos o rechazarlos.
Existencializarlos en nuestra vida personal.
Pero nunca inventarlos o crearlos.

34. Y esto es así porque se nos presentan como «necesarios».
Sin ellos se desvirtúa la vida humana.
A mediano o largo plazo pierde su sentido.
Porque cuando nada vale tanto como para atraer-

nos y motivar nuestra entrega, quedamos atrapados en el presente.

Nos reducimos a la condición existencial de los seres «no valorizantes». Los seres inferiores al hombre.

35. Todos sabemos que cuando todo se justifica nada se justifica.
Que cuando todo es igual nada merece ningún esfuerzo especial.
Y ese relativismo, finalmente absoluto, es inevitablemente nihilista.
Nada vale...
... O todo es nada.
(Para reconocerlo... es suficiente meterse en el corazón de los tiempos de desesperanza...)

36. Pero si comprendemos que son necesarios, que de alguna manera están y son exigidos por la realidad de la vida humana, que son su clave... y que el hombre se va realizando en el tiempo, deberemos reconocer que existe, que debe existir, un proceso de búsqueda, con errores y aciertos.
Con debilidades y virtudes.
Y esto parece ser el largo camino de la Historia.
...¡De la humanización!

37. Pero no solamente de «búsqueda», sino también del imprescindible acto final de «entrega» a los valores.

Porque no se los asume por ninguna forma de conquista, de ninguna forma de poder creador, sino por la entrega personal para que se encarnen en nuestra vida.

Y nos liberen del vacío y del absurdo.

¿No es esto, acaso, lo que nos ocurre cuando somos capaces de abrirnos al llamado del amor y dejamos de lado las mezquindades y las vanidades del egocentrismo?

38. Progresivamente iremos comprendiendo la paradoja de este central tema de los valores. Que no son cosas. Pero que se hacen presentes al contemplar seriamente las cosas.

Que no aparecen como un poder coercitivo.

Pero que reclaman necesariamente nuestra adhesión porque señalan el sentido profundo e insoslayable para la vida humana.

Los valores son la trama de la vida.

Y es la persona humana quien debe descifrar este enorme entramado.

Es la única creatura que puede leer la realidad.

La única que puede «nombrarla».

39. El gran instrumento es la razón.

Por eso en épocas de irracionalidad y de exaltación

descontrolada de la emocionalidad y de la impulsividad, se opacan los valores.

Se relativizan.

En tales épocas el hombre es capaz de justificarlo todo para no ver comprometido su placer inmediato y fácil.

40. Todo culmina en el hombre.

En la persona humana.

Sólo él puede y necesita y debe realizar la tarea de encontrar el camino de la unidad de todo.

De descubrir el llamado «in-sistente» en la realidad.

Y para ello dispone del misterioso abismo de su mundo interior, donde encontrará las huellas y los signos y las fuerzas para percibir la realidad y peregrinar hacia los valores. Que lo humanizan.

41. Por eso los seres no valorantes aparecen sometidos a un proyecto que nunca eligieron, que nunca eligen y al que nunca pueden renunciar.

Sólo al ser que valora le corresponde la tarea de ser responsable y el «constructor de su propio destino».

Que siempre llama desde más allá del puro presente.

Sólo el hombre es una esperanza.

Y no «cualquiera».

42. Por eso debemos seguir afirmando que éste es el signo de la persona.

Y la educación debe buscar adecuadamente llevar al hombre hacia su propio encuentro, en el silencio de la escucha, para que pueda percibir sus propios llamados más profundos. Los verdaderos: no las necesidades creadas artificialmente ni simplemente las urgencias más inmediatas.

Y para que pueda percibir la adecuada relación con las cosas. El reclamo silencioso y secreto de las cosas.

43. Si la educación no lleva a este encuentro, será muy difícil no naufragar, no perderse en el laberinto de los deseos y las ilusiones. Será imposible reconocer que la vida es una conquista que supone un esfuerzo creador, precisamente por nuestra condición de seres comprometidos a sondear, escuchar, descifrar y aceptar esos llamados.

Seres valorantes.

44. Sin vida interior, sin ese oficio maravilloso de vivir dentro de nosotros mismos y pensar reposadamente, es impensable emerger de la inmediatez, del facilismo y de la seducción superficial del ruido, de la velocidad y del vértigo.

45. Educar es colaborar en el aprendizaje humano fundacional: valorar.

Pronunciar la palabra sobre el sentido y el valor de las cosas y de la vida.

La palabra.

La palabra que hace posible superar la trágica condición.de la torre de Babel.

3
El modelo humano

—La tercera objeción es la siguiente:...
en el fondo los valores no son serios,
porque los eligen. A eso contesto que
me molesta mucho que sea así: pero si
he suprimido a Dios padre, es necesario
que alguien invente los valores.
Jean Paul Sartre [4]

46.   Hoy vivimos en la alternativa total y trágica entre un esencialismo rígido, que afirma que todo está claramente establecido desde siempre y para siempre. Que nada cambia y que sólo hay que obedecer... Y un existencialismo igualmente rígido que niega todo compromiso con nada, salvo con las propias elecciones hechas sin presupuestos de ninguna naturaleza, porque nada hay previo a lo que se elige. En ese sentido cada hombre inventa al hombre desde nada. Y para nada, finalmente. No hay sentido. No hay claves comprometedoras a descubrir nada.

La pregunta implícita y final es: ¿Hay o no hay un modelo humano al que aspirar?

[4] *Sartre, Jean Paul:* El existencialismo es un humanismo, *O.C., p.41.*

47. Las religiones, por su esencia misma, se han mantenido –especialmente en occidente– ligadas a un cierto esencialismo, con el consiguiente concepto de moral, de virtud y de pecado.

En ese sentido ha pesado más, vivencialmente, el mandato de «ser perfectos como el Padre Celestial», sin el equilibrio paradojal de otros mandatos: «Le es suficiente a cada día su propio esfuerzo»... «Hay que perdonar setenta veces siete»...

No por nada se hicieron necesarios el estupendo trabajo del Concilio Vaticano II, dentro de la Iglesia Católica, y esfuerzos semejantes en otras confesiones.

48. Por el contrario, el hombre de la existencia ha optado decididamente «por la vida», ya, aquí y ahora. (Nietzsche) Y ha declarado inoperante y esterilizante, por ultraidealizada e irreal, a esa moral de los «perfectos», ante la que siente el inmediato peligro de la hipocresía. O de la cobardía.

49. Ese rechazo está ligado a la imagen de una moral que no deja lugar para la creación... ni para la enfermedad...

Casi una moral creadora de castas.

Y de amargas y destructivas desilusiones.

La de quienes se sienten incapaces de tal «perfección», y avergonzados de sus reiteradas «caídas»,

acaban por no luchar más.
Por descreer de todo.

50. Pero es tan nefasto renunciar al modelo como renunciar a la realidad existencial.
La gran tarea actual es descubrir dónde y cómo se conjugan.
Cómo se armonizan en una moral con objetivos y modelos, y fiel a la realidad histórica.
Una moral posible, dinámica y comprometedora.
¡No Cambalache!
Una moral de la persona.

51. Renunciar al modelo es proclamar el advenimiento de la degradación humana.
...Si todo es igual...

52. Para el hombre no ascender es descender.
No hay para él término medio.
Esa mediocridad es siempre una traición a la vocación ascendente –humanizante– de la vida.
Que ascendió hasta el hombre: ser culturalizante por su condición esencial de valorante.
Y ahora debe continuar ascendiendo. Pero no ya desde la inconsciencia, sino desde la responsabilidad del espíritu que debe descubrir, elegir y realizar su propio destino.

53. El hombre es el ser que está llamado, irrenunciablemente, a aportar su propio esfuerzo para alcanzar su plenitud.
Y ello por decisión propia y responsable.

54. La función del modelo es generar y orientar el dinamismo hacia una realización plena de la persona.
Y de la comunidad.
Y es la resultante de una constelación de valores reclamados «necesariamente» por la «vida humana».

55. La ley que prescribe determinadas conductas y prohíbe otras, lo hace, precisamente, en función de ese modelo.
Y no hace sino orientar el dinamismo de la existencia.

56. Pero ocurre que cada existencia real es concreta.
Y por eso mismo sujeta a todas las consecuencias de la concretez, y de la limitación inherente.
La más manifiesta parece ser la originalidad de cada percepción de la realidad, dentro de una básica unidad fundamental. Y que es la razón de que podamos estar comunicándonos y reflexionando sobre estos temas tan específicos de la condición humana.

57. Cuando en la Biblia, el apóstol Pablo trata para los corintios el tema de las carnes inmoladas a los dioses, que para algunos cristianos aparecían como prohibidas y para otros no, y concluye que cada cual debe obrar según su propia conciencia... aunque evitando herir innecesariamente la conciencia ajena...: «pues, ¿cómo va a ser juzgada la libertad de mi conciencia por una conciencia ajena? (I Cor. 10, 29)... está hablando en sintonía con este principio.

58. En toda creación cultural hay una intencionalidad que lleva la carga de una finalidad –y por ello de un valor– y la expresa.
Por eso podemos reconstruir una cultura por la «lectura» de sus obras.

59. Esas obras son mudas en cuanto son signos de alguna manera estáticos, que deben ser decodificados por quien posee la capacidad del mismo código. La misma clave fundamental.
...Por quien participa de la misma estructura o naturaleza; o por identidad. O por poseerla asumida en una integración superior.

4
Los valores:
¿Creación o develación?

...usted es libre, elija, es decir, invente.

Jean Paul Sartre [5]

60. Por eso los hombres podemos descifrar las obras de los hombres de otras culturas y reconstruirlas. Poseemos el mismo código racional.

61. Y por eso podemos también descifrar las producciones de los animales, captar sus modos existenciales, a partir de descubrir las finalidades o intencionalidades inconscientes de sus realizaciones.
Pero ellas no pueden, de la misma forma, descifrar e integrar las nuestras.

62. Cuando contemplo un libro no puedo dejar de saber que allí hay un mensaje que alguien ha expresado para que sea compartido o recibido por alguien.
Ese libro nada tiene que ver con la gallina que acaba de depositar un huevo.
El libro no es para ella.
No le dice nada a ella.

Aunque sus pupilas reciban la «imagen material» de «eso» (del libro).

[5] Sartre, Jean Paul: El existencialismo es un humanismo, O. C., p. 25.

Nada. Pero yo, que poseo integrada en una naturaleza superior la dimensión biológica de la gallina, sí puedo, rápidamente, descubrir el significado y el valor de su acción y de su producción.

63. Pero ni cuando descifro esa obra que es el libro, ni cuando lo hago con la producción de la gallina, en ningún caso estoy «inventándoles» su significación y su valor originales. Solamente estoy descubriendo la intencionalidad oculta en su estructura. Porque poseo como mío el código de la realidad y puedo decodificarla, conocerla y expresarla.

64. Por mucho que quisiese violentar «creativamente» al libro o al huevo, nunca podría decir que el libro está destinado en sí mismo para saciar el hambre y que su valor natural es alimenticio...
Ni que el huevo es de por sí un instrumento bélico, y su valor original es de instrumento defensivo.

65. Cuando nos aplicamos a descifrar la estructura de las cosas y de las obras, y cuando nos detenemos a descifrar la estructura de las relaciones de las personas y de las cosas, advertimos que no podemos ser arbitrarios y pretender crearles significaciones y valoraciones ajenas o contradictorias con dichas estructuras.

66. El hombre puede descifrar progresivamente el cosmos porque posee conocimiento racional... Porque participa conscientemente, reflexivamente, del código. Del mismo código.

67. El hombre no es el creador originario del cosmos, pero sí es creador complementario de una obra que no ha sido explicitada totalmente, de una sola vez y para siempre... sino que se debe ir de-senvolviendo en el tiempo... Precisamente con y por el concurso del hombre, ubicado en el puesto de comando de tamaña empresa.
(Los creyentes bíblicos reconocen un mandato relevante: «Creced y multiplicaos y dominad la tierra»).

68. Y así como no sólo participa del valor artístico quien crea la obra, sino también quien la recrea en su contemplación y gozo de la misma, no sólo es crea-dor Aquel de quien pende originariamente el mundo, sino también esta creatura clave que asume la misión de descifrarlo y conducirlo responsable-mente hacia la finalidad que sus estructuras –de seres y relaciones– progresivamente revelan.
En la misma medida que él mismo crece y madura en la profundización de su misión.

69. En el acto creador nunca puede estar ausente un acto de obediencia profunda.
Que nunca lo empequeñece sino que lo hace consistente.

70. En todo caso: ¡no está prohibido inventar!!!
Está prohibido ser arbitrario.

5
Los valores
y la educación

No tomé el camino verdadero, no llego a nada.
Mi libertad no es la buena. ¡Nada! Siempre
nada.

Albert Camus [6]

71. El hombre de hoy cada día más, está reconociendo que vivir en «Cambalache» es el infierno.
También lo sabe el Calígula de Albert Camus cuando grita al final de la obra que «no eligió el camino verdadero». Que esa «libertad», la de obrar al margen de todo compromiso racional con el sentido reclamado por los valores... dentro de la cual sólo interesa «que él pueda elegir», ¡no importa qué!... «no conduce a nada».

Pero tampoco acepta este hombre una moral rígida, uniformante en todo sentido, donde no queda espacio para la responsabilidad seria de la persona de creer en su propia conciencia.

72. La formación moral que reclama este hombre «emancipado» del siglo de la persona, es la que apunta al desarrollo de la conciencia personal frente a la realidad compartida e impostergable de la vida: del logro de una vida humana y humanizante,

[6] Camus, Albert: Calígula, O.C., última escena, p. 113.

donde no se puede excluir a nadie: ni al individuo ni a la comunidad.

...(Deformar «mi vida» atenta, de alguna manera, real, contra la vida de los otros. Y deformar la vida social atenta, de alguna manera, generalmente más directa, contra la vida del individuo.)

73. En tal sentido estaríamos ante una variante de la moral tradicional, fundada en una transmisión' estática de los valores y de las leyes correspondientes, en la que no queda mucho espacio ni para la lectura personal de la realidad circundante, ni de la propia realidad interior, ni para descubrir la temporalidad en el propio compromiso.

74. Los valores.
Y su encarnación en el tiempo.
En la vida histórica de los seres humanos.
¡...!

75. «... la lectura personal de la realidad... exterior e interior... y de la temporalidad en el propio compromiso».
Posiblemente al no considerar adecuadamente estas dos dimensiones de la condición humana, se expone al hombre moderno a la rebelión del absurdo, que conspira finalmente contra todo y acaba en la instauración de Cambalache... O en la opción por

una moral personal, responsable, pero «alejada» de las instituciones que tradicionalmente fueron sus mentores.

Entonces la persona acaba diciendo, en una actitud de emancipación:

«Yo obraré de acuerdo a mi conciencia». Y es posible que no esté diciendo nada demasiado diferente de lo que enseñó Pablo de Tarso.

Sólo que aparece connotado por la rebeldía y el rechazo...

Y el peligro de la desarmonía y de la subje-tivización total.

76. Formar la conciencia moral es poner en contacto leal con la vida, y despertar el máximo de amor por ella...

Por una vida «vivible».

Noble, esforzada, sin duda alguna.

Pero «vivible».

Y aquí no estamos admitiendo el aflojamiento de los compromisos, sino el descubrimiento y reconocimiento de la temporalidad.

De los límites.

77. Lo importante es el compromiso real con la vida. Con toda la vida.

Y que cada cual responda progresivamente de la mejor forma.

Entonces se percibe que el mandato de «ser perfectos...» significa existencialmente «ir siendo perfectos».

78. Quizá este planteo nos lleve a redescubrir que la letra mata y el espíritu vivifica. Que el criterio rector no es una cierta forma de materialidad estática... sino un espíritu que no necesariamente es una línea recta de principio a fin.
Como camino...
Aunque en su esencia y en su llamado sea siempre el mismo.

79. Precisamente, hay que formar la conciencia moral para esta lealtad.
No para el rigor rechinante de la ley, que hoy más que nunca engendra obsecuentes estériles o rebeldes hasta el absurdo.
Ni para el facilismo que abandona al hombre al arbitrio de todos los impulsos.

80. Es absolutamente claro. No se trata de un relativismo desvalorizante. Finalmente anómico. Si así fuese, no quedaría forma de evitar «Cambalache».

81. Cambalache es el reino del «Todo es igual, nada es mejor».

Y en este reino de la «libertad responsable» estamos cimentando todo, precisamente, en lo contrario: Existen los valores. Y no son inventados por el hombre; sino que se le imponen como «necesarios» –que es lo mismo que decir «absolutos»– al aplicar su conciencia a descifrar la trama de la realidad.
Y hemos dicho que el hombre se salva al entregarse a ellos.

82.   La gran diferencia consiste en que la persona experimente su lugar central: «No es el hombre para el sábado (la ley), sino el sábado para el hombre».
Y desde ese lugar central sienta que es el responsable de ese don misterioso e irrenunciable que es la vida.
A él le corresponde cuidarla y hacerla fructificar.
Arriesgando.
Según el espíritu de la parábola evangélica de los talentos.

83.   Nadie da más generosamente que aquel que se siente respetado en ese núcleo de su mismidad y de su libertad.
Es entonces cuando somos capaces de dar antes de ser solicitados.
O más de lo que se nos pide.

84. Para ello hay que aproximar a nuestros niños y jóvenes... y adultos, a la experiencia gozosa de la vida.

Al amor a la vida.

Y a la experiencia de una vida vivible.

¿Quién puede dar nada por una vida que siente como un peso insoportable?

85. ¿Una prueba?

El actual absurdo de todas las formas de autodestrucción y de destrucción de la vida y de la naturaleza, frutos genuinos de la carencia de sentido. Cuando la vida y la muerte no se diferencian en nada sustancial. Porque «nada es nada».

86. ¿Quién podría aceptar, así, que «Vivir es hermoso; pero no es fácil», y ponerle generosamente el hombro a la vida?

¿Quién podría aceptar, así, la ley básica de la vida, que el cristianismo llama «misterio pascual», y que consiste en que se debe dar primero para recibir; que primero se debe pasar por «la muerte» del esfuerzo, para que surja, luego, una cosecha de vida?

87. Quien no cree seriamente en la vida, sólo sabe de inmediatez.

De puro presente.

No conoce la esperanza que hace posible el tiempo de siembra.

88. Y es posible formar la conciencia para esta dimensión de compromiso con la vida.
Sólo que deberemos identificarnos con lo que pretendemos generar, comenzando por vivirlo.

89. Pero si estamos «urgidos» por la perfección, es imaginable que no ofrezcamos la posibilidad efectiva de empezar a caminar por este camino.
Este camino se hace caminando.
Nadie lo tiene prefabricado.
Es único para cada uno. Como cada uno es único.

90. Si no comenzamos por ubicarnos serenamente, gozosamente, en esta dimensión de la persona que implica, con todas sus consecuencias, la temporalidad, dificultaremos o malograremos el proceso por un ansia infantil de paraíso perdido.

91. Por otra parte, esta forma de colaborar en la formación de la conciencia no pasa por alto, ni mucho menos, esa exigencia estructural de la vida que son los límites.
Pero los límites como exigencia de la vida.
La autoridad como servicio a la vida.

No como simples instrumentos del orden.
El orden, en más de un caso, y así entendido (materialmente), puede ser enemigo de la vida.

92. La vida procede necesariamente por ensayo y error. Y un buen educador deberá evitar, en lo posible, ciertos errores que son de difícil retorno.
Y deberá acompañar para ayudar a crear el clima de lealtad con la vida que hace posible la enmienda y la adquisición de experiencia. Que es fruto de haberse codeado con el peligro y con el esfuerzo. (¡Ex-perire!).

93. Esta conciencia que se elabora día a día, y dialogalmente, es la que será capaz de ofrecer lo mejor posible, cada día, por la vida.
Por esa vida amada.
Por esa vida que se sabe exigente.
Por esa vida que no regala nada.
Salvo la capacidad original para vivir.
Y la lucidez para descubrir sus reglas de juego.

Y eso es tarea de cada persona.
En el ámbito de la comunidad.

94. Es el derecho y la tarea de cada persona.
Que se sepa, ningún chimpancé, ningún quebracho,

o perro alguno, han reclamado jamás tamaña condición.

Sólo la persona.

Porque esto la constituye como tal.

Su racionalidad responsable de su propio camino.

De su progresiva humanización.

De su trascendencia.

95. La Biblia dice que el hombre es el único ser creado «a imagen y semejanza de Dios».
Persona.

96. Por eso es más difícil y más lento formar conciencias humanas que sembrar almácigos o domesticar manadas.
Pero es lo más noble y sagrado que podemos acometer como tarea.
O como misión.

6
La condición humana:
Más allá del superyo

Estamos solos, sin excusas. Es lo que
expresaré diciendo que el hombre está
condenado a ser libre. Condenado,
porque no se ha creado a sí mismo, y
sin embargo, por otro lado, libre,
porque una vez arrojado al mundo es
responsable de todo lo que hace.
Jean Paul Sartre [7]

Queremos la libertad por la libertad...
Jean Paul Sartre [8]

97. Una lectura atenta del material psicoanalítico nos
debe llevar a una reconsideración antropológica.
Todos damos por aceptada la formulación de la
estructura psíquica que remata en esa instancia llamada «SUPERYO».
Pero poco destacamos las implicancias que le son
inherentes.

¿Qué es esto de una instancia más allá del YO y
superior a él?
¿Cómo es que el YO, autor de las decisiones, está
referido a un «otro-yo» en forma estructural?

7 *Sartre, Jean Paul:* El existencialismo es un humanismo, *O.C., p. 21-2*
8 *Sartre, Jean Paul:* El existencialismo es un humanismo, *O.C., p. 39.*

Al margen de que ese SUPERYO esté bien o mal desarrollado y contribuya a una relación armónica o no, con un YO sano o débil o deses-tructurado... lo sorprendente es que lo debemos reconocer como una dimensión necesariamente presente.

98. De alguna forma, más laxo o más estricto, formulado de una manera o de otra, promoviendo tal exigencia o la otra, lo cuestionante y sugerente es su presencia irreductible y la forma fundamental de su presencia: es el referente del deber del YO.

De la concordancia o discrepancia con él se deriva la expansión o la reducción del YO.
La estima o la culpa.

99. ¿Por qué el psicólogo se ve en la necesidad de reconocer y aceptar esta instancia en la estructura de la personalidad?
Porque es un hecho.
No una construcción arbitraria impuesta por la voluntad del hombre, científico o artista, para satisfacer un prejuicio.
No.
Es la constatación de un hecho.
El hombre «funciona» así.
El hombre es así.

100. Dicho con otra formulación: El hombre «funciona» como un ser necesariamente valorador.

Que los criterios de valor puedan ser sanos o neurotizantes o primitivamente insuficientes, es otro tema.

Lo que nos importa y nos ocupa ahora es que no puede dejar de actuar como un ser valorador.

101. Cuando el psicólogo explica la evolución del SUPERYO a partir de la resolución de la situación edípica, y nos muestra el pasaje fundamental de la heteronomía a la autonomía, no está haciendo otra cosa que confirmar la persistencia de la condición de ser valorante.

Sólo que, progresivamente, en una forma más personalizada.

102. Y cuando en la adolescencia, en la etapa de la definitiva estructuración de la personalidad, se pase por la experiencia de la posibilidad de la transgresión de la ley del padre, para la emancipación, y la identificación personal con la ley, igualmente se estará confirmando la condición de ser valorante.

Necesariamente valorante.

Sólo que en una forma más elevada aún.

Desde la condición existencial adulta.

103. Y cuando el psicólogo afirma la existencia de sentimientos de culpa que deben ser eliminados, coincidimos con él.
Se trata de los sentimientos neuróticos de culpa.
Aquellos que no tienen fundamento en los hechos, en los contenidos de las acciones, o no guardan proporción con ellos.

Son sentimientos enfermizos de culpa.
Y deben ser desestructurados para restituirle a la persona la libertad necesaria frente a la vida.

104. Pero eso no invalida la presencia de otros sentimientos de culpa que nada tienen de enfermizos. Y que son la alarma natural de que dispone nuestro «aparato psíquico» (¡el hombre!... ¡la persona humana!) para alertar sobre la presencia de elementos que atentan contra los valores fundamentales de la vida.

A nadie se le ocurriría tratar de enfermizo el sentimiento de culpa de quien acaba de torturar a otro ser humano, para acabar luego con su vida, incinerándolo, de modo de acabar con todo vestigio comprometedor.
Cualquier hombre que detente un nivel mínimo de humanización, experimentaría en algún nivel de su

conciencia, la realidad de ese llamado a la «justicia» con la vida. Con la realidad. Con los valores.

105. Y para quienes todavía piensan y afirman que todo es una mala consecuencia de «los males acarreados por la familia» (alguien podría ubicar aquí a David Cooper, «La muerte de la familia»)... que sin la presencia de los padres que inculcan preceptos y tabúes, todo sería diferente, y la libertad no se encontraría limitada... para quienes pudiesen pensar así bastaría señalar que los padres son apenas, y sólo, los objetos primarios.

Ellos son la condición social de los primeros años.

Pero no inventan nada, básicamente.

Pueden transmitirlo más sanamente o más deformadamente, pero la realidad relacional del ser humano acaba necesariamente por generar la conciencia de lo conducente a una buena vida «humana» y «humanizante» y de «lo inconducente».

Lo deshumanizante. Lo degradante.

La conciencia de los valores.

LA CONCIENCIA DE LOS VALORES.

Y esto no es un problema de origen paterno-restrictivo.

ES LA CONDICION HUMANA.

Es propio e inseparable de la persona humana en su condición normal.

106. Esto es precisamente lo que estamos destacando al abordar la relectura de la estructura psíquica que nos ha formulado Freud, y con él una corriente insoslayable para la comprensión del psiquismo humano.
Razón por la cual hemos tomado este material para su relectura desde las consecuencias antro-pológicas que le son inherentes.

107. Tanto es así que no hay ninguna forma de concebir un grupo humano en un supuesto estado de «naturaleza pura». Como «previa» y «estática».
Todo grupo humano aparece en el marco de su cultura.
Porque ésa es su naturaleza. Cultural.
Por eso no hay pueblo sin cultura.
Simplemente no sería.

108. Y la cultura es exactamente, también, un sistema de valores para la comprensión y orientación de la vida.
Toda cultura es un sistema valorativo.
Una constelación de valores.
Señala un modelo de humanización, al menos, esperable.

109. Y aquí nos adentraríamos, ya, en la zona de los hechos que parecen irreductibles.

No aparece como se los podría comprender más profundamente reduciéndolos a hechos más elementales.

Este es el hecho: el hombre es un ser necesariamente valorador. Que muestra gamas infinitas de modos de valoración. Pero que, por eso mismo, sugiere también una riqueza infinita y desconcertante que no se agota en un solo modelo...

Y también, por eso mismo, muestra ciertas líneas de convergencia sobre lo que podríamos llamar «núcleos fundamentales de realización de lo humano».

De lo contrario nunca podríamos esperar consenso sobre documentos tan importantes para la conciencia común como la «Declaración Universal de los Derechos Humanos».

Y, precisamente, ya son como el ABC del reconocimiento de la dignidad humana, más allá de las creencias religiosas y de los regímenes políticos y de los niveles de desarrollo científico, técnico y económico.

110. Es un hecho.

El hombre es así.

El hombre no puede comprenderse sin esta referencia inevitable a los valores.

111. El hombre es así. Y no puede despreocuparse de su responsabilidad de ir rastreando cada día el camino de lo humanizante.

Es la consecuencia más exacta de su condición de persona.

Porque mientras dure la Historia no estará acabado el peregrinaje hacia las fuentes originarias de este hecho insondable que es la conciencia humana. Esta necesaria necesidad de los valores. Que lo hacen apuntar siempre hacia una realización que es la razón final de la esperanza.

112. Algún día comprenderemos los hombres hacia dónde vamos caminando por senderos a veces desconcertantes, incompatibles o divergentes.

Hacia dónde nos conduce esta «necesaria necesidad de los valores».

Hacia qué unidad nos mueve, desde siempre, la esperanza que, a menudo dolorosamente, abrigan nuestros corazones.

Deseosos de plenitud. No de muerte.

Aquello que a Calígula le hacía exclamar:

«¡Oh, si lo imposible fuera!» («Calígula», Albert Camus, Escena final).

Porque la conciencia moral humana, necesaria, esencial, más allá de la interpretación psicológica de su mecanismo de organización y desarrollo, es la apelación radical de su trascendencia. Es constitutiva del SER humano.

7
En el corazón
de la libertad

Si no se cree en nada, si nada tiene
sentido y no podemos afirmar valor
alguno, todo es posible y nada tiene
importancia.
... Por fin, uno puede proponerse
emprender una acción que no sea
gratuita. En este último caso, por falta
de un valor superior que oriente la
acción, uno se dirigirá en el sentido de
la eficacia inmediata. No siendo nada
verdadero ni falso, bueno ni malo, la
regla consistirá en mostrarse el más
eficaz, es decir, el más fuerte. Entonces
el mundo no se dividirá en justos e
injustos, sino en amos y esclavos.
Albert Camus [9]

El hombre es la única creatura que se
niega a ser lo que es.
Albert Camus [10]

Kirilov: ... entonces todo este planeta
no es más que mentira. ¿A qué vivir,
entonces? Contéstame si eres hombre.

---

[9] *Camus, Albert:* El hombre rebelde, *Editorial Losada, Buenos Aires, 1981, décima edición, p. 11.*
[10] *Camus, Albert:* El hombre rebelde, *O.C., p. 16.*

Pedro: ¡Claro! ¡A qué vivir! He com-
prendido muy bien su punto de vista.
Si Dios es una mentira, entonces esta-
mos solos y somos libres. Ud. se mata,
Ud. prueba que es libre y ya no hay
Dios.
Pero para eso tiene que matarse.
Albert Camus [11]

113. «Si Dios no existe, somos libres.»
Dicho de otra forma más contundente: Si Dios no
existe, no somos responsables de nada.
Porque de esa dimensión de la libertad se está hablando.

114. Es la cuestión tremenda de la libertad humana.
Esta, en la que sentimos confusa pero indefectiblemente, que se da el gran drama de nuestra libertad
de elección. Pequeña o grande. Más condicionada
o menos condicionada.

115. Si Dios no existe, no somos responsables de nada
porque todo es nada.

[11] *Camus, Albert:* Los poseídos *(sobre la obra de Dostoiewsky), Edi-*
torial Losada, Buenos Aires, Tercera edición, 1982, tercera
parte, cuadro 21, p. 21.

No hay respaldo para ningún ser y para ningún valor.

Todo es insignificante.

Carece de significación.

No hay sentido.

Nada es mejor que nada.

Cada cual es finalmente el árbitro absoluto.

Yo decido qué vale y qué carece de valor.

Yo.

Solo.

Absolutamente.

¡Yo soy Dios!

... o dios.

116. Creer en los valores y negar terminantemente a Dios, es una contradicción.

Los valores son tales porque nos comprometen.

Porque son necesarios y nos comprometen.

Y, sin embargo, se nos presentan solicitando nuestra adhesión gratuita.

Nuestra «entrega».

Nuestra «fe».

117. Los valores son siempre un «más» que nos atrae y nos impulsa.

Precisamente porque son las señales de nuestro camino de realización humana.

Ellos nos marcan el sendero de la ascensión a la que estamos llamados desde lo más insondable de nuestro ser.

Nadie «ama» la muerte.
Todos amamos la vida.
Una vida de justicia profunda. De amor profundo...

118. Y el drama del hombre radica en que conociendo la solicitación de ese «más», que generaría un esfuerzo en él, es capaz, de alguna manera real, de resistirse al llamado.

O de secundarlo.

Dando un paso al frente... A veces como si diese un paso al vacío...

Arriesgando su vida a una verdad donde «se pierde». (¡Se entrega!).

Y en la que finalmente encuentra el reposo de ese anhelo incallable que lo habita.

Que sólo puede silenciarse degradándose de la condición humana.

Sumergiéndose en el grito de los sentidos.

De la vida animal. Sin espíritu. Sin vida interior.

Esta es la única capaz de escuchar el clamor de su ser más hondo y verdadero.

119. El hombre es esta tensión entre lo que es y lo que está insondablemente llamado a ser.
Y no puede renunciar a esta condición.
A este desafío.
Si opta simplemente por lo que es, se sumerge en el presente y acaba perdiendo el entusiasmo de la vida.
¡Esa mínima condición heroica para vivir!
¡El entusiasmo...!
Si opta también por lo que está llamado a ser, debe abandonar las comodidades y las seguridades para realizarse más allá de sus dominios.
Ampliando su ser.
Trascendiéndose.

120. Este es el camino de los valores.
Ellos, desde esa imagen de utopía, desde esa apariencia de locura, desde esa conformación suprema de ideales, lo arrancan del puro presente donde podría instalarse, y lo arrojan a peregrinar hacia una meta exigente. Pero igualmente, y paradójicamente, generadora de la paz interior y de un gozo «que no es de este mundo» del puro presente.
Una paz reconocible. Como venida «del más allá», como los valores.

121. Esa paz capaz de confirmarnos en la experiencia de ser verdaderos.
No seres vanos surgidos del azar.
Seres verdaderos.
Con-sistentes.

122. «Si Dios no existe, somos libres»...

Libres... para el hastío y la destrucción, últimos frutos del nihilismo.
Porque sin Dios, finalmente, nada es nada.
¡El absurdo!

123. Pero todo esto es excesivamente conflictivo para el hombre actual.
Siempre dispuesto a actuar.
Pero nada, o muy rudimentariamente, dispuesto a aprender.
A vivir dentro de sí.
A reconocerse creatura.
A reconocerse necesitado.
... Y necesitado «¡de qué!»
(No solamente un volcán de impulsos que claman por el «Ya». «¡Todo, ya!»)

124. Reconocer al hombre comprometido con el sentido, reconocer que existe sentido..., que no todo es

igual, trae aparejada una exigencia muy seria.
Que este hombre no está fácilmente dispuesto a admitir.
Porque no está dispuesto a someterse a ella.
Porque ha llegado a embriagarse de autosuficiencia.
De fantasía de omnipotencia.

... Si él es Dios... ¿quién, o en nombre de quién han de reclamarle ninguna entrega y ningún esfuerzo?

125. Y sin embargo, el mundo de los valores es el mundo de una vida seria.

De una vida interior donde es posible discernir serenamente.
Y vida que implica un ejercicio de humanización progresiva.

De ascenso.
De coraje.
De confianza y entusiasmo por la vida.

126. Porque sin ello no se accede a la libertad de elección.

Simplemente se permanece sumergido en la inmediatez de la sensualidad.

En la espontaneidad absoluta de los deseos irreflexivos.

127. La libertad es el fruto de un árbol que requiere cuidados.
Desmalezamiento.
Riego.
Alimento adecuado.

128. Porque no somos libres como punto de partida.
En todo caso, esa libertad como punto de partida, es la condición, simplemente, para poder llegar a ser libres en el sentido humano que nos interesa.
La «libertad humana», la que nos hace capaces de elegir los valores «que realizan una buena vida humana», ésa, es una conquista.
Una conquista.

129. Nadie es libre por haber cumplido una edad reglamentaria.
Esa es una visión infantil.
Absolutamente ingenua.
¡La libertad humana es una conquista!

130. Desde la libertad se parte, es cierto.
Pero a la libertad se llega.
Es una conquista.

No un regalo.
Porque somos creaturas.
No dioses.

8
Más allá de una ética
de la solidaridad

Pero no estoy loco y aún más, nunca he
sido tan razonable. Simplemente, sentí
en mí de pronto una necesidad de
imposible. Las cosas tal como son, no
me parecen satisfactorias.
... Pero antes no lo sabía. Ahora lo sé.
El mundo, tal como está, no me parece
soportable. Por eso necesito la luna o la
dicha, o la inmortalidad, algo descabe-
llado quizá, pero que no sea de este
mundo.
...Los hombres mueren y no son felices.
Albert Camus [12]

131. Cuando agotados de guerrear, como rebeldes, por no someternos a nada y conservar intacta nuestra disponibilidad para todo —como si fuésemos de arcilla siempre blanda— y finalmente capitulamos y nos entregamos a los valores, experimentamos un maravilloso mundo de paz. De paz interior.
La que nace del encuentro de la vida por sus sendas verdaderas: los valores.

[12] *Camus, Albert* Calígula, O.C., *Acto primero, escena V. pp. 60/61.*

132. Esa paz del sentirnos verdaderos coincide con la irrupción de «LO OTRO» en nuestra vida.
«Lo otro».
«EL OTRO».

Que es silenciosamente más interior a nosotros que nosotros mismos.
Porque somos «a su imagen y semejanza».

Esto devela la profundidad de ese anhelo secreto de tantos hombres que en nuestro siglo exclaman: «¡Oh, si pudiera creer en Dios!».

133. Porque creer en los valores y no creer en Dios contiene una contradicción.
Finalmente dolorosa y frustrante.

Si todo es para nada... ¿qué otra cosa son esas fuentes de sentido y compromiso, sino «nada», también?
Todo palabra de nada.
Vana.
Todo promesa de nada.
Vana.

134. Cuando se toma conciencia lúcida de todo esto, se experimenta un peligroso ambiente de nihilismo.
De arbitrariedad.

De locura.
De injusticia.
De muerte.

135. Pero es posible –llegados a la conclusión de que todos somos peregrinos de la nada– es posible descubrir que estamos desesperadamente solos.
Todos. Juntos. Solos.
Y decidir amarnos generosamente, descubriendo la dignidad de cada vida, y asumiendo la solidaridad como última clave. Y única.
Y fundar una moral de la solidaridad. Exclusivamente.
Es posible.
Sí.

136. El problema reaparece cuando irrumpe la realidad tremenda del mal.
Del dolor.
De la injusticia.
Y de la muerte...
¡La muerte!
Ultima forma del mal, del dolor y de la injusticia.
Ultima piedra de toque de la vida.
Porque el sentido de la vida depende finalmente del sentido de la muerte.

137. Los valores no se conjugan con la nada, sino con la vida.

Nadie ama la muerte.

Puede ser a lo sumo un reclamo de la desesperanza.

Sólo amamos la vida.

Nuestra vocación es a la vida.

138. El Evangelio de Jesús dice que Dios es AMOR... VERDAD... y VIDA.

Que el hombre es sagrado. («El sábado es para el hombre». No al revés).

Y Jesús muere en nombre de la verdad que ha transmitido.

De la que no puede renegar.

Confirma su palabra con su muerte: no podría vivir habiendo mellado siquiera su integridad.

La vida habría perdido todo sentido sin ella.

Con su muerte confirma la vida.

Que es tan valiosa porque los valores que la constituyen son reales.

139. Y los valores son «reales» porque de alguna manera son Dios.

140. Y por eso toda auténtica religiosidad es necesariamente fundadora de una mística de esperanza y entusiasmo.

Porque cree firmemente en la seriedad de los valores, reclama una vida que los existencialice.

Y por eso mismo genera la confianza de aquello que todavía no se percibe, pero que es.

Y esta confianza es parte esencial de la mística del entusiasmo. Y del heroísmo.

141. Es muy difícil fundar una moral seria sin valores serios.

Sobre todo cuando existe la voluntad de no cerrar los ojos al reconocimiento de la injusticia que habita en el corazón de los hombres.

Una moral sin Dios, tarde o temprano acaba enloquecida por el nihilismo. O por el escepticismo.

142. Camus lo intuía cuando puso en boca de Quereas el alegato de las razones para vivir:

PRIMER PATRICIO: *(Calígula...) Quiere la muerte de todos nosotros.*

QUEREAS: *No, porque eso es secundario. Pone su poder al servicio de una pasión más elevada y mortal, nos amenaza en lo más profundo que tenemos. Y sin duda que no es la primera vez que entre nosotros un hombre dispone de poder sin límites, pero por primera vez lo utiliza sin límites, hasta negar el hombre, y el mundo. Eso es lo que me aterra en él y lo que quiero combatir. Perder la vida es poca cosa, y no me faltará valor cuando sea necesario. Pero ver cómo desaparece el sentido de esta vida, la razón de nuestra existencia, es insoportable. No se puede vivir sin razones».* (Acto segundo, escena II).

143. Pero los hombres que existencializan los valores con toda su vida, provocan dos sentimientos aparentemente contradictorios.
Son a la vez los «ingenuos» dignos de compasión, o de burla,
...Y los «testimonios estremecedores» del valor trascendente de la vida.

Hay un momento de odio para ellos.
Y un momento de amor.

Que normalmente triunfa sobre el odio cuando podemos regresar al silencio interior... Y entramos en contacto con las aspiraciones más profundas de nuestro ser.

144. Ese amor es la confirmación irrefutable de la clave de nuestra vida: Vivimos verdaderamente por los valores.
Que nos arrancan del vacío y la viscosidad, y nos

ponen en camino más allá del puro «yo» y del puro «ya».

Por eso amamos, definitivamente, a aquellos que nos rescatan para la vida verdadera.

145. Pero es imprescindible desafiar el odio.
Fruto de nuestros miedos y de nuestras cobardías de creaturas.

146. Es inevitable pasar por una «muerte» para conocer la vida.

9
Los valores:
El rostro de Dios

Veraz llamo al hombre que se retira al
desierto sin dioses, y ha roto en pedazos
su corazón venerador.
Hambrienta, violenta, solitaria, sin
Dios, así se quiere a sí misma la volun-
tad-león.
Friedrich Nietzsche [13]

Todos los valores han sido ya creados.
Yo soy todos los valores. Por ello, no
debe seguir habiendo un «yo quiero».
Así habló aquel dragón.
Friedrich Nietzsche [14]

Para crearse libertad, y oponer un
sagrado «no al deber»– para ello hace
falta el león.
Friedrich Nietzsche [15]

¡Qué ingrata es la vida humana, y qué
grande su falta de sentido! Un bufón
puede serle fatal.

---

[13] *Nietzsche, Friedrich:* Así habló Zarathustra, *Editorial Sarpe, Ma-drid, 1983, p. 123.*
[14] *Nietzsche, Friedrich:* Así habló Zarathustra, *O.C. p. 42*
[15] *Nietzsche, Friedrich:* Así habló Zarathustra, *O.C. p. 43*

Yo quiero mostrar a los hombres el
sentido de su existencia, que no es sino
el Superhombre, el rayo que emerge de
la sombría nube humana»
Friedrich Nietzsche [16]

147. Hay un llamado a la vida.
Hay un impulso que no cesa.

Negar que ese llamado y ese impulso continúan un camino ascendente, es vivir al margen de la realidad y desconocer la Historia.

148. Todo muestra un ascenso hacia la consciencia y la libertad.
Desde la inconsciencia y la incapacidad creativa.

Antes del hombre el llamado no opera sobre ninguna voluntad.
Opera como desde fuera de las cosas.
Las cosas no pasan de ser objetos del impulso.

Desde el hombre el llamado resuena en su corazón consciente y libre.

[16] *Nietzsche, Friedrich:* Así habló Zarathustra, *O.C. p. 36.*

149. Por eso hasta el hombre hablamos de «evolución».
Desde él hablamos de «Historia».
Desde que su voluntad se hace cargo de proseguir
responsablemente el camino.

150. Por eso hasta el hombre sólo se concibe la natura-
leza inconsciente.
Desde el hombre se concibe la naturaleza cultural.
La naturaleza consciente y por eso responsable.

Hasta el hombre no se conoce el reino de los valores. No se plantea.
Nadie se lo puede plantear.

Es la libertad responsable, el útero de la palabra, la
que los reconoce y los nombra.

151. ¿Quién podía, sobre la tierra, antes del hombre,
experimentar la urgencia de la verdad y padecer el
dolor del absurdo... o la exigencia de la justicia y
crear tribunales...?

Antes del hombre son las cosas.
Los objetos.
Lo concreto y material.
Lo singular.
Y lo mudo.

Sólo el hombre se descubre siendo en esta trama y
en esta clave de los valores.

152. Hasta el simio más evolucionado, hay sólo imáge-
nes.
Desde el hombre hay ideas.
Y juicios.
Que buscan explicitar·el orden de las cosas y orde-
nar las cosas según un orden.
Mundo de las relaciones.
Mundo del sentido.

Por eso desde el hombre es el reino existencial de
los valores.

153. Este mundo donde el gozo no termina en el bien
presente, sino que se extiende en la promesa de la
esperanza.
Justamente, el mundo donde se descubre el camino
que,viene transitando la vida en pos de ese llamado... que la impulsa desde siempre.
Y que ahora pasa por el corazón misterioso del
hombre.
... llamado que no puede reducirse al puro presente
sin sentir que comience entonces el vacío y la náusea.

154. Este mundo donde «el camino» sólo aparece señalado por lo más elevado de la conciencia libre.

Allí donde se descubren esas «cumbres necesitantes» que llamamos valores.
Esas luces que nos impulsan hacia más alto.
Esos plus de compromiso y esfuerzo, gratuitos, y a la vez indispensables para el crecimiento de la vida.
Para la plenitud.

155. Ya no son las leyes innominadas de la evolución las que conducen.

A ellas se unen las leyes reconocidas por el espíritu penetrante y libre del hombre.
El único que puede realizar bien o mal el camino.
El único que puede realizar bien o mal su ser.
El que por ser capaz de valorar está en condiciones –y exigido– de asumir un rol protagónico.
El rol de creador responsable.

156. Porque el rumbo lo descubre finalmente en el compromiso de su conciencia.
Que puede ser traicionada. Por su fragilidad.
Pero que permanece intacto en el testimonio de su luz interior.
Esa que sigue descubriendo los valores en la lectura humana de la realidad.

157. Está bien que afirmemos que la ley no está explicitada en las cosas.

La ley es formulada por la razón.
En su lectura atenta de la realidad.
Es al hombre a quien se ha confiado la tarea propia
de la trascendencia.

158. Seguramente en tal sentido dice la Biblia que «Dios
hizo al hombre a su imagen y semejanza».[17]

Capaz de comprender la realidad.
Capaz de nombrar las cosas y los seres.
...Capaz de ordenar las cosas hacia un sentido rea-
lizador del llamado a la vida.

159. ¿No será, justamente, esa PLENITUD DE VIDA
QUE NOS LLAMA, a través del arduo camino de
los valores, el rostro verdadero de Dios?

160. Porque ese camino de los valores que hacen ascender la vida, coincide con la madurez humana: con
la capacidad de encuentro y aceptación creativa de
la realidad.
Con sus auténticas reglas de juego...

161. Llegados aquí, se presiente una armonía: «Madurez humana - aceptación de la realidad - exigencia
de esfuerzo y fidelidad - trascendencia del puro

---

[17] Génesis, *Capítulo 1, versículo 26.*

EL HOMBRE; LA LIBERTAD Y LOS VALORES

presente - presencia de una esperanza dinamizante
...y esa Plenitud de vida a la que todo sigue aspirando a través de la tarea humana.
Plenitud convocante de la que hablan todas las grandes religiones.
Y que en el cristianismo adquiere una expresión conmovedora.

162. Conmovedora en la persona de Jesús.
El que dijo: «Yo soy el verdadero Camino de la Vida.»[18]
...El Camino angosto.
El de los valores.
Que podemos abrazar o negar hasta por simple desidia.
Pero que asegura la plenitud si es asumido.
Por eso el mismo Jesús había dicho: «El que se pierde por mi causa, ése se encuentra». [19]

163. Es verdad.
El que alguna vez experimentó el gozo profundo de la fidelidad a los valores, sabe inequívocamente que existe y es posible.

---

[18] Evangelio de san Juan, *Capítulo 14, versículo 6.*
[19] Evangelio de San Mateo, *Capítulo 10, versículo 39.*

164. Es sorprendentemente simple.
Y desconcertante.

...La realidad... los valores... la vida... Dios...

165. Dios.
El misterio.
EL FUTURO-PRESENTE que nos llama.
El sentido final de todo este peregrinaje de la vida.

166. Dios.
LA FUENTE DE LA CONCIENCIA Y DE LA LIBERTAD.
Insondables en nosotros porque nos trascienden.
...De origen que escapa a nuestro poder.
Oculto.
Pero evidentemente activo en la clave de los valores.
Porque de esa FUENTE surgen.

167. ¿No será que el Misterio de Dios se hace presente entre nosotros en la forma de los valores?

¿Y que por eso es inútil buscarlo por el espacio desde una cápsula espacial, o por el mundo subatómico con un microscopio electrónico?

¿Y que inconscientemente lo estamos nombrando cuando hablamos de los valores?

¿Y que inconscientemente lo estamos amando cuando vivimos la fidelidad a los valores?

¿Y que podemos sospecharlo por esa profunda certeza de ser y esa profunda y serena paz que experimentamos entonces, aun a pesar de la incomprensión humana?

168. Y esa sospecha puede hacerse más sólida cuando reconocemos que sin los valores la existencia humana se degrada.
En lugar de ascender, desciende.
Se desorganiza.
Retorna a la muerte.

169. El hombre es esa encrucijada.
O secunda el llamado a la vida.
Y crece.
O reniega de él.
Y muere.
¡O vegeta!...

170. El hombre es la encrucijada de la vida y la muerte.

171. La clave del hombre es la liberación de la muerte para acceder a la vida.

172. Este es el gran combate de la existencia.
Y no hay combate que no requiera lucidez.
Y no hay combate que no requiera esfuerzo.
Y no hay combate que no requiera coraje.
Y no hay combate que no deje cicatrices.

El combate de la existencia.
El de crecer.

173. El combate de la existencia.
Secundar el llamado.
Creer en la vida.
O renunciar al camino.
Y a la esperanza.

174. El combate de la existencia.
La fidelidad a los valores.
Sin cuya presencia soberana no habrá forma de salvar al hombre.
...Ni del poder de los tiranos.
Ni de los manipuladores genéticos.
Ni de los traficantes de armas... o de narcóticos...
Ni de los tratantes de blancas...
Ni de la escéptica indiferencia cotidiana.

175. Cierto es que esa fidelidad será imposible mientras sigamos pregonando desde la literatura, desde los medios de comunicación y desde toda la educación,

que «los valores no existen. Que es el hombre quien crea los valores».

176. Porque no hay ninguna creatura que pueda salvar a su creador. Porque no hay ninguna fidelidad salvadora posible si pende de unas creaturas que hoy creamos y mañana matamos.

177. Es que la fidelidad a los valores nos plantea inequívocamente el problema nuclear de nuestro deseo. ¡Ser dioses!
Nietzsche escribió: «...si hubiera dioses, ¿cómo toleraría yo no ser Dios? Por tanto, no hay dioses».[20]
Dioses.
Absolutos.
Ilimitados.

...Mientras la realidad nos descubre diariamente que no somos «justos».

178. Y si nosotros no somos justos... ¿Quién es el justo?
Ahí está el enfretamiento.
O Dios o nosotros.
(Y ahí están para testimonios Dostoievski: «Los poseídos», y Camus: «El hombre rebelde»...).

---

20 *Nietzche, FriedrichL:* Así habló Zarathustra, O.C., p. 105.

179. Enfrentamiento inútilmente mal planteado. Pero desgarradoramente comprensible desde el drama del dolor y la muerte.

Porque nunca podríamos plantear: «Los valores o nosotros».

Esa es la pista que necesitamos descubrir.
Para superar la antinomia.
Y reconciliarnos.

180. Los valores nos salvan.
Por ellos asciende la vida.
Por ellos se salva la vida.
«La revolución, para ser creadora, no puede prescindir de una regla, moral o metafísica, que equilibre el delirio histórico», escribió Albert Camus.[21]

Por ellos se salva la vida. Pero necesariamente después de reconocer que ellos nos llaman.
Que son necesarios.
Y después que nosotros aceptamos seguir su camino.
...Después de reconocer que nos trascienden.

21 *Camus, Albert:* El hombre rebelde, *O.C., p. 233.*

181. Nos trascienden.

Pero somos connaturales.

Somos a su imagen y semejanza.

Son nuestra clave.

Y no nos solicitan para someternos despersonalizándonos, sino precisamente para darnos la cabal dimensión de personas.

Capaces de realizar el llamado a la vida.

182. Los valores no generan una relación dominante-dominado.

En absoluto.

Ellos son nuestra verdad esencial que nos hace libres.

Signo inequívoco de lo cual, es la muerte resurrección que generan.

La muerte, por la entrega que nos plantean.

Y la resurrección, por el hallazgo íntimo de uno mismo y de la vida.

183. El planteo no es el de Nietzsche ni el de Sartre. «O Dios o yo».

El planteo es el del hombre llamado Jesús.

«Voy al Padre».

Yo, que «soy el Verdadero Camino de la Vida».

Dios «y» yo.

El amor.

10
Los valores
y la moral
de la esperanza

La virtud no puede separarse de lo real
sin convertirse en principio de mal.
Tampoco puede identificarse absoluta-
mente con lo real sin negarse a sí
misma.
Albert Camus [22]

Los dioses han muerto, y ahora
queremos que viva el Superhombre!
Sea esta alguna vez,
llegado el gran mediodía,
nuestra voluntad postrera.
Friedrich Nietzsche [23]

184. Un peligro muy atendible consiste en ver el Evangelio como un código terminante de lo que tiene que ser aquí y ahora, y no como el anuncio de la esperanza para ponernos en camino hacia el modelo.

185. Lo fundamental es la aspiración sincera y responsable.
No la perfección estática en el presente concreto.

---

[22] *Camus, Albert:* El hombre rebelde, *O.C., p. 274*
[23] *Nietzche, Friedrich:* Así habló Zarathustra, *O.C., p. 99.*

186. El Evangelio –¡Buena Nueva!– es un llamado a caminar.

Es una propuesta concreta.

Pero que incluye el tiempo como dimensión existencial del modelo.

Hoy puedo ser lo que hoy puedo alcanzar.
Mañana podré ser lo que mañana pueda alcanzar.

187. Por eso también es que debemos decir que el Dios de la Biblia es el Dios de la Historia.
De la Historia de la salvación.
De la humanización total.

188. Ser libre es ir siendo libre.
Ser perfecto como el Padre es «ir siéndolo en la medida existencial posible a cada persona real, histórica».

189. Esto no es el relativismo absoluto.
Ni mucho menos.
Es, sí, el respeto cabal de la dimensión plena de personas.

Implica la condición clara de responsabilidad.
Pero siempre única para cada persona.
Que es única.
(Se la conoce a cada una por «su nombre»).

Y decir única significa reconocerla en su ubicación temporal y circunstancial.

Nadie es persona en abstracto.

190. El Evangelio es, entonces, un Gran Motor.
Es el fuego.
El dinamismo.
Es la alegría renovadora.
Es la confianza.
Es el canto a la VIDA.

Nunca una jaula de oro ni una trituradora tiránica.

191. Una religiosidad que no descubra esta dimensión, puede llevar a constituir una propuesta de vida sólo posible para un grupo selecto de seres perfectos. Y en perfectas condiciones. Capaces de todos los heroísmos cada día.

Y siempre es peligrosa una espiritualidad de «perfectos».
«¡Ay de los fariseos...!».
El mismo Jesús dijo expresamente que había venido «para los enfermos»...
Y que «le es suficiente a cada día su propio esfuerzo».

192. «¡Setenta veces siete!...»

Siempre que volvamos a reconocer el llamado de los valores.

193. Lo trágico no es caer.
Sino negar que existan los valores... que nos salvan.
Porque entonces nada es nada.
¡Tampoco la esperanza!

11
La develación
de la realidad

*Sólo puedo mencionar que la simple
dicotomía habitual entre ser y deber
ser tiene que ser revisada. Las «deter-
minaciones», «exigencias» de un orden
tal, son cualidades objetivas.*

M. Wertheimer [24]

*Muchos otros autores de los Documents
of Gestalt Psychology han hecho
declaraciones similares (a las de M.
Wertheimer). En realidad, toda la
bibliografía de la Psicología de la
Gestalt atestigua que los hechos son
dinámicos y no simplemente estáticos;
que no son escalares (sólo magnitud),
sino más bien vectoriales (poseen tanto
magnitud como dirección) como lo ha
señalado especialmente Köhler. Los
escritos de Goldstein, Heider, Lewin y
Asch nos ofrecen ejemplos todavía más
convincentes.
...Los hechos tienen autoridad y carácter de exigencia. Pueden requerirnos;
pueden decir «No» o «Sí». Nos dirigen,*

[24] *Maslow, Abraham:* La personalidad creadora, *Editorial Kairós,
Barcelona, Tercera edición, 1987, p. 148.*

*hacen sugerencias, insinúan el paso
siguiente y nos guían en un sentido y
no en otro.*
Abraham Maslow [25]

194. Es prácticamente imposible negar en forma racional que exista una intencionalidad en la creación. Lo que no vemos es que existan las condiciones existenciales –concretas y singularizadas– para una realización absoluta de esas finalidades.

195. Lo que existe es la realidad histórica.
Si en la mente del Creador hubiese estado la intención de una realización absoluta –única, total y siempre idéntica– no habría creado un mundo histórico.
No hubiese iniciado una creación evolutiva.

196. La fantasía de que todos los hombres de todos los lugares, percibimos naturalmente la exigencia moral y concebimos las costumbres, en respuesta a esas exigencias, de la misma, única, total e idéntica forma... es nada más que eso: una fantasía.
La realidad se muestra indiscutiblemente otra.

[25] Maslow, Abraham: La personalidad creadora, O.C., p. 148-9.

197. La creación ostenta inequívocamente una intencionalidad histórica.

La intencionalidad no varía: son los fines generales.

Pero las condiciones históricas han conducido a la realización de esos fines en la medida y en la forma que las realidades históricas lo hicieron... y lo hacen... posible.

198. Pero las condiciones históricas son algo más que el enmarcamiento general de la época y el lugar.

Son también las condiciones personales.

Unicas de cada ser humano.

199. Esto hace comprender que la tarea humana es una tarea seria.

Real.

No decorativa.

No un engaño de aparente adultez.

Es una tarea realmente seria.

Ir descubriendo el corazón mismo de la vida para penetrar cada vez mejor en los caminos que la realizan.

La moral es una auténtica tarea humana.

200. La moral que no cambia en su orientación fundamental, porque persigue siempre los mismos fines de la creación.

Pero la moral que cambia modalidades. Porque al cambiar la comprensión de la realidad, la comprensión de sí mismo y de la propia relación con ella, cambia modalidades de la respuesta conductal.

201. Si el hombre fuese un ser ahistórico, independiente de todas las circunstancias, esto no sería así.
Todo habría sido siempre absolutamente uniforme.
No evolutivo.
Pero negar que el hombre ha evolucionado culturalmente, es negar la propia condición racional.
... Ahí están las culturas de cada pueblo.
Y las culturas de cada época.

Pero el hombre siempre caminando hacia la vida.

12
Trascendencia
e intrascendencia

*...Pero mis amigos religiosos que han
trascendido la ingenua visión de Dios
con barbas, hablan de Dios del mismo
modo que yo hablo de los Valores-B
(Nota: «valores del ser» o
«metavalores», o «valores fundamentales o absolutos»...).
Las cuestiones que hoy los teólogos
consideran decisivas son cuestiones
tales como el significado del universo y
si éste sigue o no un rumbo determinado. La búsqueda de la perfección, el
descubrimiento de la adhesión a los
valores, constituye la esencia de la
tradición religiosa.
Abraham Maslow* [26]

202. He descubierto que cuando se analiza la experiencia de los creyentes de «vivir en paz con Dios», o
de «reconciliarnos con El», se describe una experiencia inseparable de «vivir en paz o de reconci-
liarse... con la realidad».

[26] *Maslow, Abraham:* La personalidad creadora, *O.C., p. 236.*

203. Y esto es así hasta tal punto que normalmente no se percibe la diferencia entre ambas dimensiones.
La aceptación de Dios.
La aceptación de la «realidad».

Ambas experiencias comparten elementos esenciales.

204. No estoy sugiriendo ninguna forma de panteísmo ni de reduccionismo.
No estoy diluyendo a Dios en la «impersonalidad» de la «realidad».
Todo lo contrario. Siento que estoy aproximando una experiencia mucho más cercana, concreta, comprometida, alentadora y comprometedora de la Divinidad.

205. Como si dijéramos exactamente: «Dios no está fuera de nuestro mundo. Dios no está en ningún lugar determinado, circunscripto ni abstracto.
Dios está aquí.
En todo.
En todas partes.
...En la realidad vivida.»

206. Pero, ¿qué es, en última instancia, la realidad?
Es todo lo que existencialmente nos compromete a crecer, humanizándolo.

Y todo lo que nos hace descubrir nuestra condición de creaturas, finitas, limitadas... y nuestra condición de seres habitados por anhelos infinitos...
Anhelos que, al entregarnos lealmente a ella, a la realidad, empezamos a encontrar lentamente satisfechos.
¡Pero nunca acabadamente!
«Los hombres mueren y no son felices», decía el Calígula de Camus.

207. Y, exactamente, el Dios de los creyentes auténticos y maduros, el Dios de Jesús... no quiere otra cosa que nuestro compromiso de crecer humanizándonos, humanizando el mundo.
Dios, referente cabal de nuestra finitud creatural.
Y promesa de plenitud, a partir de nuestra entrega a su llamado...

208. El consultorio del psicoterapeuta es un campo de experiencia repetida y renovada de la resistencia del hombre a descubrirse y aceptarse en su condición «creatural». De ser limitado... que sólo se plenifica a partir del reconocimiento de su condición.
Y de su aceptación activa, y de su «entrega» generosa a los reclamos de «la realidad».

209. Hemos dicho que ambas experiencias comparten elementos esenciales.

No son dos las claves de la existencia humana.

210. Esa «descentración», o superación del egocentrismo, que consiste en el centramiento del hombre en la realidad, en un acto de salida riesgosa de los límites conocidos y estrechos del propio «yo», no difiere en su estructura conductal de la «conversión» de la que hablan las grandes religiones. Quizá particularmente el cristianismo.

211. El problema del hombre, visto así, se podría plantear como:
Solitariedad-comunión.
Aislamiento «autosuficiente» -relación.
Enfermedad-salud.
Intrascendencia personal-trascendencia.
Absurdo-sentido.
Libertad absoluta-religación.

212. El hombre.
Este ser único que aparece no terminado.
Pero necesitado necesariamente de terminarse.
Y capacitado para hacerlo por su condición racional.

213. El hombre.
Este ser misterioso que es lo que es y lo que está llamado a ser.

Este ser que no puede vivir sin el calor y la luz de la esperanza...

13
La transgresión de la ley paterna y la consolidación de la persona

El existencialista tampoco pensará que
el hombre puede encontrar socorro en
un signo dado sobre la tierra que lo
oriente; porque piensa que el hombre
descifra por sí mismo el signo como
prefiere. Piensa, pues, que el hombre,
sin ningún apoyo ni socorro, está
condenado a cada instante a inventar
al hombre.
Jean Paul Sartre [27]

La enfermedad consiste, esencialmente,
en querer lo que no es bueno para
nosotros.
Erich Fromm [28]

Debemos aprender a controlar nuestros
impulsos de nuevo. Los días en que
Freud trataba a personas
superinhibidas ya han pasado y hoy
nos enfrentamos con el problema
opuesto, el de expresar todo impulso

[27]*Sartre, Jean Paul:* El existencialismo es un humanismo, *O.C., p. 22.*
[28]*Maslow, Abraham:* La personalidad creadora, *O.C., p. 254 (cita a Erich Fromm).*

*inmediatamente. Es posible enseñar a
la gente que los controles no son necesariamente represivos.
...Algo semejante ocurre con la vida
sexual.*
Abraham Maslow [29]

214. Hay un momento crucial, una dimensión crucial, en el pasaje a la adultez.
Es la «vivencia de la posibilidad» de la transgresión.

215. La transgresión se refiere siempre, básicamente, a la ley paterna.
Aquella desde la cual comenzamos a existir y aprendimos nuestra inserción en la realidad.

216. Quien no enfrenta nunca la «vivencia de la posibilidad de la transgresión», no puede superar la actitud infantil frente a la vida.

217. No es necesaria la transgresión efectiva de la ley paterna. Vale insistir en ello.
Pero sí lo es «la experiencia emocional, afectiva», de que es posible transgredirla.

[29] *Maslow, Abraham:* La personalidad creadora, *O.C., p. 232.*

218. La transgresión es esa «ruptura» del orden paterno.

219. Sólo el que puede en su interior, y en paz, experimentar la posibilidad de la transgresión, es capaz de fundar un nuevo orden.
«Nuevo», básicamente, por haberlo convertido en «propio».
No por negar el valor de toda la cultura.
No por invalidar definitivamente la ley del padre...

220. La adultez, nueva vida, termina por consolidarse cuando se funda un nuevo hogar.
Que implica la independencia económica y afectiva.

221. La conciencia de la capacidad de transgresión, que inaugura y funda la autonomía, se consolida por la capacidad de amor y de creación económica.

222. En ese sentido volvemos a descubrir que la libertad psicológica, último bastión de la dimensión humana, se completa con la libertad física: la posibilidad real de ejecución de aquello que se ha elegido.

223. Presumo que Nietzsche tenía razón de invitar a reconquistar la tierra. La vida. La celebración de la vida en la Tierra.

Quizá Sartre tenía razón también al invitarnos a revitalizar la conciencia de nuestra libertad.
En lo que han equivocado es en aquello que han negado.

Creyeron que para afirmar el valor de la Tierra y la realidad de la libertad, había que negar la presencia de Dios.

Vieron como contradictorio y antinómico lo que es paradojal.
Lo que es el centro de la gran paradoja humana.

Y negaron los fundamentos mismos de sus propios hallazgos.

224. La tragedia de la transgresión es convertirse en un estado de vida.
Y dejar de ser una etapa de transición hacia la adultez.

225. Etapa más o menos serena, más o menos conflictiva, en la medida del amor y de la libertad con que se ha vivido la infancia y la niñez, y en la medida del entorno de claridad valorativa y de seguridad existencial que ofrece la sociedad en que se ha de vivir.

226. La transgresión es la «vivencia-experiencia» que posibilita el tránsito de la heteronomía a la autonomía.
De la actitud infantil a la actitud adulta.

227. Pero por todo ello, la transgresión produce fascinación y temor.
Fascina la expectativa de la apertura del mundo. Del poder.
Temor por el desamparo ante la realidad, al ir más allá de los límites ordenadores que hasta entonces servían de respaldo y guía.

228. Su fascinación es la expectativa total de hacerse dueño de «la ciencia del bien y del mal».
Que, simultáneamente, y por ello mismo, hace vislumbrar el peso final de ser responsables de la realidad.

229. Y es tremendo ser el «responsable final» de la realidad.

230. Una vez que asumimos la vivencia de la posibilidad de la transgresión, quedamos comprometidos a ser «el dios» que rescata a la realidad del caos.
El que asume el orden y el sentido frente al caos.
A imagen de Dios.

231. De lo contrario, si no la asumimos, seguimos establecidos en un orden que nos asegura... pero dentro del cual no podremos ir más allá de donde, hasta ahora, estábamos establecidos.

232. El terror del caos hace que no nos animemos a enfrentarnos con él.
Y que pasemos por la vida sin haber sido nunca los «creadores» del mundo en que vivimos.
La fantasía original de que el caos nos envolvería en el vértigo del desenfreno, hace que nos privemos de acercarnos a su experiencia interior. A su vivencia.
Y mantengamos enterrados los talentos recibidos.

233. El que no enfrenta este paso, el que no supera el tabú, no es capaz de madurar para el amor.
Porque nunca adquiere la conciencia de la disponibilidad de sí mismo para la entrega.
Y el otro aparece siempre como rival y límite, a imagen del propio padre... a quien tampoco ha podido abrazar en la madurez de la libertad.

234. El que se instala en la transgresión, el que no la supera... se hace radicalmente incapaz de amor. No ha sido capaz de comprometerse con ningún orden serio.

Incapaz de «entrega».

235. Cuando nos hemos acercado a la «experiencia interior» de que «se puede...», deja de tener la misma fascinación «lo prohibido».

236. El fruto más preciado de la superación de esta etapa es la libertad.
Esa disponibilidad que permite, con claridad, con lucidez, sentirse dueño de lo que se elige.
Profundamente comprometido e identificado con ello.

237. Es entonces cuando lo que no se hace, no se deja de hacer por miedo.
Y lo que se hace no se realiza por simple obligación.
Cuando la libertad es consciente de su responsabilidad.
Cuando la heteronomía y la autonomía se funden en una unidad existencial concreta.
...Cuando se realiza la paradoja.

14
La consolidación de la persona y los valores

Para un hombre que ama el poder, hay
en la rivalidad de los dioses algo
irritante.
Albert Camus [30]

238. Creer que el hombre sólo es libre si «crea o inventa» los valores –a los que ha de ligar su vida...– es un error de tremendas consecuencias.
Y este error está en las bases de la apresurada concepción del hombre contemporáneo.
Este hombre que sólo sabe de acción y creatividad.
Y poco, muy poco, de receptividad y aceptación.

239. Como un enceguecido «dios» competitivo.

240. No es necesario que seamos los autores de una melodía para participar del arte y disfrutar de ella. Hay otras formas igualmente genuinas: escucharla, recibirla, ejecutarla...

Tampoco es necesario ser el creador de los valores para vivirlos con libertad.
Será, sí, genuinamente necesario, y suficiente, el hecho de elegirlos tras haberlos descubierto... con su reclamo de aceptación.

[30]*Camus, Albert:* Calígula, *O.C., acto tercero, escena segunda, p. 89.*

241. Precisamente, los valores se nos presentan con su esencial componente y carga de «necesariedad».

Y mientras más nos aproximamos a los valores universales y permanentes, absolutos, de los que no se puede prescindir para una vida humana y humanizante, más descubrimos que se nos manifiestan desde esa condición esencial de «necesariedad».

Que se acepta o se rechaza aceptando o rechazando el valor.

Pero que de ninguna manera se inventa.

Con la trágica consecuencia de que su aceptación humaniza la vida.

En la misma forma que su rechazo la deshumaniza.

242. El amor, la justicia, la verdad, la belleza... esos valores que Abraham Maslow ha llamado «metavalores», o valores del ser, no se inventan.

No se pueden inventar.

Son una exigencia.

243. No se inventa la necesidad del amor, ni la necesidad de la justicia.

No se crea. Sino que se actúa en la realización del amor. O no. En la realización de la justicia. O no.

La libertad consiste en la capacidad de elegirlo consciente y responsablemente.

244. Lo que se crea es la vida de amor o de justicia.
Se crean las acciones justas. Las obras de amor.
O las obras bellas...
Pero la justicia, el amor, la verdad, la belleza... nos
comprometen a realizarlos en la vida. Como necesarios.

245. Y, paradojalmente, nos hacen más libres cuanto más
los aceptamos y conformamos nuestra vida según
sus llamados.
Libres de los atavismos y de todo lo que nos degrada como seres humanos.

246. Los dos grandes peligros de enfermedad y destrucción para el hombre contemporáneo, son «la locura
prometeica» y «la locura dionisíaca».
La locura de la autosuficiencia ilimitada.
Y la locura del placer ilimitado.

247. Porque al hombre contemporáneo se le ha aguzado
el anhelo secreto de ser Dios.

15
La ley, los valores
y la plenitud humana

...parece que las personas auto-
rrealizadoras hacen lo que hacen por
amor a los valores fundamentales y
últimos, es decir, por amor a unos
principios que parecen INTRINSECA-
MENTE VALIOSOS. Protegen y
aman esos valores y si alguien o algo
los amenaza, se alzan en su defensa,
indignados, llegando incluso al sacrifi-
cio propio. Para las personas
autorrealizadoras, esos valores no son
abstractos. Forman parte de su cuerpo
tanto como sus huesos y arterias. Lo
que motiva a las personas
autorrealizadoras son las verdades
eternas, los Valores-del-Ser...
Abraham Maslow [31]

248. La posibilidad de la transgresión de la ley del padre es un momento fundamental en la vida del ser humano.

Es la condición para la instauración de LA LEY en su propio corazón.

[31] *Maslow, Abraham:* La personalidad creadora, O.C., p. 233.

249. Lo trágico sería, siempre, que la transgresión terminase finalmente en la anomia.

Que la ruptura, la superación de la heteronomía, sea vivida de tal forma que no provoque, finalmente, el encuentro personal con LA LEY.

250. Pero es imprescindible que en algún momento pase el hombre por la experiencia de la posibilidad de la transgresión.

Sin ella no podrá apelar seriamente a la adultez.

251. La adultez, la dimensión de paternidad frente a la vida, requiere haber transitado por ese abismo, y haber conocido la desnudez última frente a la realidad.

Aquella desnudez que no puede cubrirse ciegamente con ninguna apelación nacida del miedo infantil o del terror neurótico.

252. La desnudez final del hombre frente a la responsabilidad seria de la vida.

De la vida que no puede lograr su salvación si no son respetados y encarnados ciertos valores.

Valores que no disponen de otra fuerza de «policía» que la exigencia intrínseca de la vida que debe humanizarse. Para todos.

La exigencia intrínseca del LLAMADO A LA VIDA... que no hemos inventado.

253. La vivencia de la transgresión es el momento de la posibilidad, de la tentación, del desconocimiento de la Autoridad Fundante de la Ley.
La tentación de la asunción plena de esa Autoridad.

254. Es el momento en que se anula la mediación ante la realidad y los valores y la vida.

255. Ahora es la persona humana que ha dado tamaño paso, la que debe enfrentarse con la experiencia de que «todo es posible», «factible»... PERO no todo es conveniente.

256. Desde el instante que se accede a ese límite, interiormente, vivencialmente, se percibe que allí no hay poderes extraños paralizantes.
En todo caso, se percibe que está uno mismo y está la realidad... que no ofrece ninguna resistencia «física»...

257. Es el gran momento de la prueba...
El anhelo de ser dueños absolutos del árbol de «la ciencia del bien y del mal».

258. Y llega entonces la gran lucha.
Sin testigos.
Y sin chivos expiatorios.

Y es entonces cuando –si el proceso se ha preparado sanamente– sobreviene la gran derrota.
Que es, por eso mismo, el gran triunfo.

259. Se redescubre el valor. Los valores. Por su necesidad intrínseca.
Percibida ahora, y aceptada y obedecida, adultamente.

Como conociendo que algo trascendente triunfa en nosotros. Y por eso mismo nos hace crecer. Nos madura. Nos humaniza.
Y nos hace aptos para esa realización superior del Bien Común, en cuyo seno somos más nosotros mismos, más seres humanos que si hubiésemos renegado arbitrariamente de esos valores.
...Identificados... con La Fuente de los Valores. Con el Principio de la vida.

260. Y, simultáneamente, nos certificamos por la inversa.
Por el absurdo al que nos llevaría la negación de esos valores. La rebeldía sin causa de la pura autosuficiencia.
Porque advertimos que a su negación sobrevienen el desorden y el caos.
Y, entonces, las personas y todos los bienes de la

comunidad entran en una vorágine incontenible y amenazante.

261. Cuando no triunfan los valores es el reino de la inseguridad, y finalmente el reino del terror y de la degradación.

Todos quedamos expuestos a la irracionalidad humana... Que es tremendamente más inhumana que la irracionalidad natural del reino animal.

262. El mundo del hombre es el mundo de la cultura.

Es decir, el mundo de los valores.

Esta es su naturaleza.

En cuanto atentamos contra ello destruimos el mundo del hombre.

Se instaura por distintos caminos la deshumanización.

El instinto de muerte mina el proceso de ascenso hacia la madurez de la vida humana.

Triunfa la muerte sobre la vida.

263. ¿Qué es, si no, la fascinación de la muerte de la que dan testimonio las víctimas de las drogas, los grupos de violencia callejera, la mafia...?

264. ¿Qué es, si no, la del desconocimiento del «otro» como persona humana real, de quienes se arrogan

el brutal derecho de secuestrar, torturar, explotar...
y matar...?

265. ¿Qué es, si no, la livianidad irreflexiva o no, con
que se dispone de la vida ajena, nacida o por nacer?

266. ¿Qué es, si no, la exaltación de modelos de vida
deshumanizantemente superficiales, que con fre-
cuencia cubren los espacios de los medios masivos
de comunicación?

267. La vivencia de la posibilidad de la transgresión es
un pasaje fundamental.
Es el espaldarazo de la vida.
Que pone al hombre ante la responsabilidad definitiva por la vida misma.
Que nunca podrá ser obra de la comodidad y del
facilismo.

268. Responsabilidad que no desconoce la autoridad de
quien genuinamente la detenta, pero que está
conformada por los valores personalmente reconocidos.

Y por los límites inherentes a esos valores, igualmente reconocidos y asumidos.

269. Responsabilidad de la propia adultez.
De la propia «autoría».
De la propia paternidad sobre la vida.

270. Cuando se llega a esta madurez se vive una comunicación total con toda la creación.
Las rebeldías estériles se convierten en compromiso liberador y creador.
Las rebeldías descontroladas se convierten en paz interior y en aporte generoso de la propia capacidad, limitada, de creatura.

271. En este abrazo cósmico ya no se mira al «Misterio» con rebeldía adolescente.
Pero tampoco con sumisión ingenua e infantil.

En este abrazo cósmico se expande el ser en una experiencia de plenitud.
En paz.
En una paz que libera lo mejor de uno mismo para la vida.

272. El que nunca se asomó a la experiencia interior, vivencial... de la transgresión, será un inacabable niño, o un inacabable adolescente agobiado de protestas.
Sin alegría genuina y sin grandeza.
Esas que nacen de los valores asumidos.

273. Uno de los presupuestos fundamentales para que la transgresión sea posible y sea creadora, es que la ley haya tenido existencia real previamente, para quien ha de vivirla.
Si la ley paterna no ha sido instaurada, mal puede ser experimentada la transgresión.

274. Esta supone la presencia de límites.
Porque eso es la ley. La instauración de un ordenamiento, expresado con claridad, sobre lo que está permitido y lo que está prohibido en atención a los valores afirmados y buscados.

275. Si el niño no conoció la ley del padre, o no conoció su validez, porque sistemáticamente fue burlada, o porque la figura paterna –o las figuras paternas extensivas– no asumieron su papel en el proceso de educación, hay un deficiencia estructural para alcanzar la forma adecuada de la vivencia de la transgresión y superarla positivamente.

276. Pero vale remarcar que no es solamente una carencia de referente. Esto es: la carencia de la ley no es solamente un «vacío por ausencia de la figura paterna», con respecto del cual vacío será más difícil hacer un cambio de posición.
La carencia de la ley genera algo más deteriorante

aun: la inexperiencia misma del límite en el individuo.

Carencia que hará arduamente problemática la nueva instauración de la ley.
El ser que no conoció el límite en su forma primaria, deberá hacer una doble elaboración para aceptarlo como condición existencial, irrenunciable, de la vida humana.

277. Llegado el momento de la emancipación de la ley paterna, hará espontáneamente un traslado de la situación de ilimitación previa a la nueva situación. Y se instalará en una tendencia mucho más persistente de anomia.

Instaurar la ley dentro de sí, será un proceso mucho más extraño.
Contra el cual operará su anterior inexperiencia.

278. En esta altura de la reflexión vale insistir en que el hombre se humaniza por la cultura. Que es también fruto suyo en su encuentro con los otros, con los cuales existe en su condición de ser valorador.
Y aparece la otra cara de tal inexperiencia del límite en el niño.
Es una negligencia responsable de quienes encarnan la cultura para él.

279. No es una misión supererogatoria y voluntarística el transmitir a los nuevos miembros de la comunidad los enriquecimientos logrados en la laboriosa y dramática ascensión de la vida humana.
¡La cultura!
Es un deber absoluto de cada generación.
... Desde allí se podrá subir nuevos peldaños...

280. No hacerlo es una traición doble.
Al esfuerzo humanizante de siglos.
Y a las necesidades básicas del nuevo ser.

Y obligar a las nuevas generaciones a recomenzar un aprendizaje básico que, en realidad, ya es sabiduría secular.

281. ¿Es necesario empezar de nuevo a descubrir que la ley es esencial a la vida?
¿Y que la lealtad es condición inclaudicable del amor y la amistad?
¿Es necesario empezar a descubrir de nuevo que sin trabajo y esfuerzo no hay progreso?
¿Es necesario empezar desde un estado caótico a descubrir que la virtud es una fuerza que requiere preparación?

282. La libertad humana no será nunca un estado de anomia.

Sino la capacidad y las posibilidades reales de asumir los valores humanizantes.

283. La anomia será siempre un triunfo trágico del instinto de muerte.

284. La vida es un ascenso.
Y los ascensos reclaman esfuerzo en la continuidad de las metas inalterables.

285. Y una sociedad que no lo quiere o no lo puede asumir, es una sociedad decadente.
Tarde o temprano se derrumba una casa sin cimientos.

Apéndice

Viaje a los orígenes y a la esperanza Construir la comunidad humana

En el principio la Palabra existía y la
Palabra estaba con Dios y la Palabra
era Dios.
Evangelio Jn. 1,1.

A

1. ¿De dónde surgen las normas?
    Porque el incesto aparece diferentemente formulado en distintas culturas.

2. ¿Acaso está expresado inmediata y directamente en las cosas mismas?
    ¿Acaso está explícitamente formulado en la sexualidad humana?
    La realidad es que hay muy diferentes formulaciones a lo largo y a lo ancho de la historia.

3. Si el sentido –la norma– estuviese explícitamente formulado en las cosas mismas, los pueblos, las culturas de todos los pueblos deberían haberlo encontrado y expresado idénticamente.
    Pero esto no ha sucedido.
    No es ésta la experiencia.

4. Hay quienes, de esto, han concluido en forma terminante que todas las normas son absolutamente convencionales.

Que las cosas no apelan a nada.

Que las cosas no reclaman nada.

Que en el hombre –ni en las cosas– no hay una estructura o forma o naturaleza determinada que implique y requiera y esté vinculada a una norma determinada.

5.   ...¡¿?!...

6.   La síntesis de su posición sería: No hay una naturaleza humana que funde una cultura humana. Hay tantas culturas como grupos humanos. Y las culturas son respuestas exclusivamente convencionales. De raíces profundamente inconscientes.

(Nadie dudaría de que la pluralidad cultural es una realidad que más que nunca estamos reconociendo los hombres de este siglo).

7.   Y, como tales, aparentemente todas las culturas son igualmente válidas. No hay culturas más «humanizantes» que otras. (¡) Todas las formas de ser hombre son igualmente válidas (...Ya sea una tribu asesina o una tribu solidaria... un pueblo sediento de imperialismo o un pueblo solidario con todos los pueblos... ¡!).

Todo sería igual. Nada sería mejor.

8.   Otra síntesis diría: No hay una naturaleza humana.
Y, por lo mismo, no hay una ley natural. Siempre la
ley es absolutamente convencional porque es
absolutamente convencional el sentido de las cosas.
(!)

B

9. Lo cierto es que sólo puedo atribuir sentido a las cosas –«descubrírselo»– cuando me desprendo de su inmediatez.
Cuando dejo de pertenecer a la misma única masa indiferenciada de las cosas.
Por eso los animales no pueden establecer normas fundantes de cultura.
Diríamos que permanecen simplemente identificados con las cosas, con la realidad circundante, y no logran establecer su propia identidad.
No llegan a pronunciar su propio nombre... porque no se diferencian de lo otro.
No llegan al «YO» porque no se diferencian adecuadamente del «TU».
No hay un TU para ellos.

10. El hombre sí establece normas, valora, y funda culturas.
Porque el hombre sí puede desprenderse de la inmediatez de las cosas.
El hombre puede desprenderse de ellas y decir su nombre de él, «YO», por contraposición al nombre de ellas: TU, pronunciado solamente por él.

11. El hombre, solamente el hombre puede nombrar.
Porque está habitado por la palabra.

Porque es a imagen de Ella.
Solamente el hombre.

...Y Yahveh Dios formó del suelo todos los animales del campo y todas las aves del cielo y los llevó
ante el hombre para ver cómo los llamaba, y para
que cada viviente tuviera el nombre que el hombre
le diera. El hombre puso nombre a todos los
ganados, a las aves del cielo y a todos los animales
del campo, mas para el hombre no encontró una
ayuda adecuada... (Gén. 2,19-20).

12. Sólo el hombre, que es capaz de lenguaje, es capaz
de descubrir un orden y ordenar la realidad.
Sólo el hombre funda normas fundantes de cultura.
Y esto desde «lo inconsciente», como estructura
lógica reguladora de las relaciones.

13. El animal inferior al hombre vive sumergido en la
realidad, en las cosas.
Sometido a ella totalmente.
A sus ciclos y a todas sus exigencias.

14. En todo caso, los animales permanecen sometidos
a una «gran ley innominada», que rige las cosas y
que regula sus ciclos y sus posibilidades.

Una gran ley «mecánica».
Todo mudo.

15. Es el hombre, capaz de lenguaje, quien nombra las cosas y en ello descubre sentidos a las cosas, y simultáneamente constata que él vive «fuera, más allá, de esa naturaleza».

C

16. ¿Cómo se origina el lenguaje?
    ¿Cómo es que el hombre empieza a nombrar las cosas?
    ...A ordenarlas.
    ...A clasificarlas.
    ...A darles sentido y valor...

17. Intentar averiguarlo es como intentar reconstruir la aparición de la cultura.
    Pero ocurre que cuanto sabemos del hombre lo sabemos por la cultura.
    ¡Y hay cultura cuando hay alguna forma de lenguaje!

18. Habría que decir –para entendernos hasta donde es posible– que aparece el hombre cuando aparece la cultura.
    Y ésta aparece cuando hay lenguaje.
    Y hay lenguaje cuando hay hombre.

19. Hombre, cultura y lenguaje no son esclarecibles cronológicamente.

20. Hay hombre cuando la realidad, las cosas... comienzan a ser mediatizadas en el lenguaje.
    Cuando se comienza a hablar de «palabras».

21. Las cosas, que son inaferrables e inefables, son ordenadas por el lenguaje y por él empieza a manifestarse el sentido.
Mientras no han sido nombradas, simplemente son.
Están.

22. Lo que surge «con-en-el-hombre», es un discurso intepretador de la «naturaleza».
Aquí está la clave.

23. ¿Por qué este discurso?
¿Por qué tiene que darse?
Y, ¿por qué tiene que darse como significador y valorizador?

24. Porque el discurso es la norma. La ley.
Y la ley es esencialmente un ordenamiento que establece lo bueno y lo malo.

25. Esta carga de sentido que es el discurso, el lenguaje, lo constituye a su vez al hombre en un ser que debe RESPONDER por su conducta.
Que debe pesar las conductas.
(RES-PONDERE¡!).
Y lo constituye en un ser responsable.
En un ser ético.

26. Pareciera que este discurso que explicita tales dimensiones en el hombre, y que trasciende la posibilidad de indagación de su origen, trasciende también, por eso, al hombre mismo.

D

27. Lo que aparece entonces, como definitivamente trascendente, es LA PALABRA.

La Palabra, fundadora de sentido.
Diríamos, La Palabra «Creadora».
Co-creadora.

28. Y resuenan nuevamente las palabras de apertura del Evangelio de Juan:

En el principio la Palabra existía y la Palabra estaba con Dios y la Palabra era Dios. Todo se hizo por ella y sin ella no se hizo nada de cuanto existe. En ella estaba la vida y la vida era la luz de los hombres, y la luz brilla en las tinieblas y las tinieblas no la vencieron.
(Jn.1,1-4 - Biblia de Jerusalén).

29. Más aun cuando decimos que los orígenes son incognoscibles, y solamente son expresables por «el mito»... en su poder evocador más allá de los límites...

30. Así aparece en todo su sentido la expresión de Agustín de Hipona: «Dios es más íntimo que lo más íntimo mío».

O la bella expresión del recordado maestro de espiritualidad que fue Justo Asiaín: «El conocimiento de Dios es un viaje hacia nosotros mismos».

31. Sin ningún reduccionismo.
     Y sin ningún panteísmo.

32. Pero volviendo al tema de la centralidad del discurso, por el cual y en el cual, solamente, el hombre tiene sentido, hay que decir que sin él «estaría el hombre ahí», como las cosas.
     Es el discurso el que descubre y funda su sentido, en el que es.
     Y al ser hablado por el discurso advierte el hombre su carencialidad y su «necesidad de...».
     No así las cosas que siguen simplemente estando ahí.

33. Como ellas no pueden pronunciar el discurso, no pueden advertir ninguna carencialidad, y ninguna necesidad de nada.
     Solamente el que puede nombrar las cosas, puede captar su propio vacío, su propio inacabamiento y su propia necesidad.
     Y reconocerse responsable de perseguir su propia plenitud.
     La realización del llamado que lo habita.

34. Por otra parte, el discurso ordena las cosas y funda su sentido estableciendo un sistema o una estructura de relaciones en razón de las diferencias.

El mundo cobra sentido en razón de que son establecidas las diferencias.

Al nombrarlas hace ordenada y comprensible la realidad.

Sin el discurso quedaríamos como empastados en el silencio total.

Sujetos a una ley mecánica.

E

35.   ¿Qué nos señala este camino?

El discurso es un proceso.
El sentido de lo que hablamos se va explicitando en el decurso de ese dinamismo. No es suficiente la palabra aislada y sola.
La palabra aislada y sola es equívoca.
Su diferencia se va estableciendo a medida que transcurre el discurso, y con ella queda develado el sentido.
Que, por otra parte, siempre es insondable.

36.   El discurso es, entonces, el ámbito de la vida humana.
El ámbito de la persona.
El discurso: el diálogo.
Y el discurso es a la vez, y por eso mismo, el dilucidador-descubridor de sentido.
En la medida que nos ejercitamos, que nos adentramos en el discurso, en la medida que estamos a la escucha de la Palabra que nos habita, más nos acercamos a las cercanías de la intimidad del ser.

37.   Y si esto es así, la actitud más madura del hombre y de los grupos, es permanecer en estado de «escu-

cha» de ese discurso por el que somos hablados. El discurso esclarecedor del ser.

38. Esto, a nivel de las relaciones interpersonales y sociales, implica el respeto por la palabra y el diálogo.
Por la Palabra...

39. Una sociedad que no sabe escuchar y hablar, que no es capaz de permanecer en estado de apertura y lealtad, es una sociedad en decadencia.

40. Por esto debemos admitir que sí hay niveles culturales más humanizantes. Es decir, más favorecedores de una vida humana de buena calidad para todos. (No son iguales una cultura que aprueba los campos de concentración o la esclavitud... y otra que lucha contra ellos).

Y que hay una plenitud cuya aspiración inconsciente o conscientemente compartimos.
Que todos los hombres somos hablados por un discurso, por una Palabra que nos reúne y trasciende.
De lo contrario no viviríamos necesitados de encuentro universal. De justicia universal. De fraternidad universal...

41.   Hay una naturaleza humana.
. Y un llamado universal.
Por mucho que nos escandalice el camino.

JULIO CÉSAR LABAKÉ

Indice

Obras del mismo autor en nuestra editorial

CORAJE Y ALEGRIA DE VIVIR Un canto a la vida. Breves y luminosas sugerencias que llevan al encuentro sereno con uno mismo, a la superación del miedo, a la confianza, al descubrimiento del sentido, y al coraje y la alegría de vivir. 6ta. edición.

CREER Y VIVIR Escrito para el joven que transita la crisis de la fe. Lenguaje que atrae y ayuda a penetrar en las profundidades de la propia existencia. Recomendable igualmente para adultos. 4ta. edición.

SUGERENCIAS PARA EDUCADORES. «CONSUDEC», en su comentario bibliográfico lo recomendó como «pequeño libro de cabecera» para quienes tienen alguna forma de responsabilidad educativa. Una pequeña joya para padres y docentes. Breves «sugerencias» profundamente esclarecedoras y revitalizantes. 6ta. edición.

PARA ACOMPAÑAR TU DIA Una espiritualidad fresca, alegre, llena de vida. Captable y vivible para los jóvenes de hoy. Un libro ideal, no sólo para la lectura personal, sino también para instituciones educativas. Son 70 breves capítulos de un estilo cautivante. Verdaderos rayos de luz para otras tantas realidades de sus vidas. 3ra. edición.

AMIGOS Breves textos en donde la celebración de la amistad es un canto de amor a la vida. 6ta. edición.

POR AMOR A LA VIDA, NO A LAS DROGAS En colaboración con Graciela Meroni. Posiblemente sea lo más completo, atractivo y práctico que se ha publicado en castellano sobre el tema. Destinado a prevenir el flagelo de la drogadicción. Consta de tres partes: «EXPERIENCIAS», «MEJOR PREVENIR QUE CURAR» y «SU-GERENCIAS PARA LA ALEGRIA». Es un libro que los adolescentes leerán con interés y gusto, y en el que los padres, educadores y dirigentes sociales econtrarán una comprensión profunda y una orientación sólida y clara para la acción. Es, además, un libro escrito para provocar el diálogo, Ud. lo leerá y lo recomendará. 3ra. edición

EL PROBLEMA ACTUAL DE LA EDUCACION Una obra verdaderamente fundamental. Un diagnóstico iluminador de la realidad que vivimos, fundado en un análisis brillante de todos los factores que la han gestado y una propuesta felizmente llamada «Pedagogía del encuentro». Este libro de Labaké es una de las obras más originales, profundas y creativas que se han escrito en los tiempos del Congreso Pedagógico Nacional. Pero un libro que trasciende las fronteras argentinas porque ha captado las claves y exigencias de la nueva «Cultura» en que está amaneciendo la vida.

Una obra que ha entrado en los claustros universitarios, pero que leerán con fruición los padres y los educadores de todos los niveles. Y una obra que deberían conocer los dirigentes políticos, tanto como los orientadores religiosos.

CREO EN DIOS Un enunciado sencillo y directo de las bases de la fe del cristianismo sereno y maduro. Un «credo» ágil y práctico que transita por todos los aspectos de la vida que nos llevan a elevar los ojos a Dios y decir con el corazón: «creo».

3ra. edición

DESAFIOS DEL CONGRESO PEDAGOGICO Con la participación de los trabajos de Roberto Albergucci y Roberto Gustavino. Un libro que expone clarísimamente las conclusiones a las que arribara el Congreso Pedagógico con un análisis profundo que enuncia los desafíos para encarar con seriedad la educación del futuro.

Un texto imprescindible para educadores, padres, universitarios y alumnos del secundario porque ayudará a todos los integrantes de la sociedad a ser activos protagonistas de la educación que nos merecemos.

ADOLESCENCIA Y PERSONALIDAD Este es un libro «para los adolescentes». No un tratado sobre la adolescencia. Está escrito «para ellos».

Y creemos que es el libro que estábamos necesitando.

Con lenguaje claro, directo y amistoso, el autor llega al adolescente ¡y llega verdaderamente!, para acompañarlo a descubrir su mundo. Al adolescente de hoy, deseoso de ser comprendido y acompañado.

8va. edición.

Este libro se terminó de imprimir en
GAMA PRODUCCIÓN GRÁFICA S.A.
Martín Rodríguez 545 - Buenos Aires
en febrero de 1999